EMANUELE M. BARBONI DALLA COSTA

STORIE MAGNETICHE

L'Ingrediente "Segreto" Nascosto Dentro all'Ultimo Post Che Hai Condiviso

Copyright © 2021 by Emanuele M. Barboni Dalla Costa

All rights reserved. No part of this publication may be reproduced, stored or transmitted in any form or by any means, electronic, mechanical, photocopying, recording, scanning, or otherwise without written permission from the publisher. It is illegal to copy this book, post it to a website, or distribute it by any other means without permission.

First edition

This book was professionally typeset on Reedsy. Find out more at reedsy.com

A Cecilia

Contents

L'Autore		ii
1	Introduzione	1
2	Capire il Concetto di Diffusione Virale	4
3	Engagement Emotivo: Empatia, Stimoli, Sentimenti	8
4	Come Trovare l'Idea Creativa che Funziona	11
5	Le Azioni "Laterali" per Raggiungere gli Obiettivi	16
6	Monetizzare il Ritorno Economico di una Storia Fortunata	21
7	Replicabilità del Format e Parodie	25
8	Talento e Originalità. Cosa ti Rende Speciale?	30
9	Le Spinte alla Condivisione: la Valuta Sociale	34
10	Generare il Passaparola con Stimoli Forti e Frequenti	40
11	Emozioni Positive, Negative e Eccitamento Fisiologico	47
12	"Scimmia Vede, Scimmia Copia". L'importanza della Visibilità...	54
13	Stimolare la Condivisione Puntando sul Senso Pratico e...	58
14	Creare una Storia Magnetica Attorno al Tuo Prodotto	61
Conclusioni		65
Approfondimenti e Risorse		67

L'Autore

Mi chiamo Emanuele Barboni Dalla Costa (Milano, 1981) e sono un formatore professionista di Comunicazione Efficace/Emozionale, Storytelling e Creatività. Vivo a Milano in compagnia di una gattina persiana davvero adorabile: Cleopatra.

Il mio obiettivo è quello di aiutare clienti e studenti a trasformare il modo in cui comunicano nel mondo.

Concentrarsi sulla comunicazione per me significa migliorare il dialogo che abbiamo con noi stessi e con gli altri.

Eccomi in aula con i miei studenti

Propongo percorsi di formazione e crescita contraddistinti da un mix unico di comunicazione efficace, storytelling relazionale, pensiero creativo e studi sulla comunicazione classica, le emozioni e l'intelligenza sociale.

Ho aiutato più di 1.000 studenti in aula e oltre 5.000 online (grazie ai miei video corsi) a comunicare meglio nel business, nelle relazioni e nel dialogo con il mondo.

Mi sono laureato in Comunicazione (IULM) e in Spettacolo e Comunicazione Multimediale (Università degli Studi di Milano), per poi approfondire i miei studi in Lettere Moderne (Università degli Studi di Milano).

Nel 2009 ho iniziato la mia carriera di docente professionista e coach tenendo corsi intensivi (oltre 16.000 ore di lezioni frontali) presso numerose accademie di Milano.

Questa esperienza mi ha permesso di entrare in contatto con centinaia di studenti di ogni età ed estrazione sociale.

> Ogni loro criticità aveva come radice un problema di comunicazione.

Puoi ottenere ulteriori informazioni su https://www.emozionare.net e nell'ultimo capitolo di questo libro.

1

Introduzione

Sin da bambino sono stato enormemente affascinato dalle leggende metropolitane. Ogni tot, a scuola, iniziavano a girare delle storie. Storie potenti, che non potevi non ascoltare. E che appena ne avevi l'occasione, in cerca di quella espressione sbalordita che era stata prima la tua, sentivi di dover raccontare ad altri amici. Ognuna di queste storie, leggende per dirla tutta, aveva un qualcosa di magico al suo interno. Un ingrediente segreto. Dettagli forti, a tratti raccapriccianti. Erano brevissime, in un minuto potevi raccontarle e, quasi inconsapevolmente, diffonderle. Le leggende metropolitane non arrivavano soltanto dai "grandi". Anche tra noi bambini si creavano dei veri e propri miti e sfide al limite del magico. C'era il ragazzino nuovo a scuola che era bollato come "alieno", la ragazzina che per qualche motivo leccava le suole delle scarpe, l'orologio dell'aula di scienze le cui lancette giravano in senso antiorario e così via.

Incredibile la fantasia dei bambini, non trovate?

E mentre queste storielle al limite dal fantastico attecchivano, nella mente mia e dei miei impavidi compagni di scuola, una domanda iniziò a farsi largo: *chi metteva in giro quelle storie? E, soprattutto, perché lo faceva?*.

Di certo lo zampino di qualche cugino più grande c'era, e si sarebbe visto a occhio nudo se solo non fossimo stati ignari ragazzini delle elementari che ancora facevano pipì nel vasino. Crescendo queste storie hanno assunto più che altro la connotazione di racconti di passaggio, principalmente diffusi per creare gruppo e sentirsi uniti nel segreto. La cosa incredibile era che, nonostante esse fossero palesemente inventate, non vi erano prove per sostenere questa tesi. Erano racconti vaghi, con solo un paio di elementi caratterizzanti. E proprio questi elementi caratterizzanti venivano descritti con minuzia, fino a imprimerli in maniera quasi indelebile nelle nostre menti morbide e vergini.

Tutti ci siamo passati, e credo in maggior misura coloro che hanno vissuto in piccoli paesi. La mia era una Milano agli albori del multietnico, ricca di stimoli e continue rivoluzioni sociali e culturali. Ricordo che queste storielle giravano per un po' per poi essere sostituite da nuovi inverosimili racconti. Ma quando una leggenda, per cattiveria o semplice scherzo, coinvolgeva qualcuno a noi vicino, le cose cambiavano. Spesso fatti inventati rimanevano appiccicati a ragazze e ragazzi per tutta la scuola dell'obbligo. Ancora c'è da chiedersi: *perché queste storie attecchivano e chi le metteva in circolazione?*

Anni dopo, studiando comunicazione (la mia materia), mi ritrovai sotto gli occhi alcuni articoli che parlavano della diffusione di alcuni tipi d'informazioni. Si impossessavano delle reti come un virus, dapprima a macchia di leopardo e poi in maniera pandemica. I social network erano agli albori, e fu così che leggende, storie e contenuti iniziarono a girare raggiungendo non più qualche centinaio di persone, ma milioni.

INTRODUZIONE

Dapprima l'email, poi i social network hanno dato la possibilità d'intercettare un numero incredibile di persone in tutto il mondo con singoli contenuti. E di questo parla il libro che avete per le mani. Di come sia possibile incentivare la diffusione del nostro contenuto multimediale o della nostra informazione assegnando a essa alcune caratteristiche speciali. Conoscere i meccanismi che stanno dietro a questo fenomeno, come detto mutuato dalle leggende metropolitane, vi permetterà di creare contenuti che in potenza hanno i numeri per espandersi. Sia ben chiaro, è arrivato il momento di abbandonare il concetto di leggenda metropolitana (quello permane nelle sempreverdi *fake news*) e di concentrarci su aspetti più creativi e affascinanti. Entriamo ora nel campo della sociologia e, per un po', anche del marketing. Perché se avete un messaggio valido da lanciare nel mondo, è sempre utile sapere come diffonderlo al meglio.

Buona lettura!

2

Capire il Concetto di Diffusione Virale

Cosa significa "virale"? Significa, in poche parole, che un contenuto, un'informazione, un prodotto o una storia è in grado di raggiungere un enorme numero di persone in un lasso di tempo relativamente breve. Tutto questo grazie al passaparola. Capita che per uno strano motivo, nel giro di qualche giorno (in alcuni casi alcune settimane) quella storia, quel prodotto, quel post o quel video è sulla bocca di tutti. Tutti ne parlano.

I miei studi mi hanno portato a fare un ragionamento su questo concetto e a trovare alcune caratteristiche comuni e importanti che ogni contenuto, storia o notizia ha in potenza per diventare "magnetica".

Prima di entrare nei fatti specifici vorrei fare però un piccolo *disclaimer*. In questo tanto osannato meccanismo (per qualche strano motivo tutti desiderano essere popolari) conta anche una grandissima dose di fortuna. Fortuna che ho avuto con il mio progetto *"Dinosauri Onesti"*, un'idea bizzarra nata nel 2015 quasi per gioco, con lo scopo ultimo di spiegare ai miei allievi quanto imparerete in questo libro. Per gioco, appunto. Un giochino per far vedere le statistiche reali di una pagina

CAPIRE IL CONCETTO DI DIFFUSIONE VIRALE

Facebook ai miei ragazzi, nulla di più.

Immaginate la mia faccia quel martedì di novembre quando, controllando coi ragazzi le statistiche delle condivisioni, ho scoperto che un singolo post aveva raggiunto un milione d'italiani. In un certo senso, ce l'avevo fatta. Ero riuscito nel mio intento di creare un piccolo fenomeno virale. Ed ero bene a conoscenza che quello era solo l'inizio. La parte difficile sarebbe stata quella di riuscire a replicarlo, questo successo. Ho applicato numerose strategie per mantenere alto l'interesse su questa pagina satirica (si tratta di meme con dinosauri che dicono luoghi comuni). La potete trovare su Instagram o Facebook come "Dinosauri Onesti".

Per farla breve, la fortuna di quel post singolare mi ha permesso di creare con il tempo una community, un negozio online e intraprendere numerose collaborazioni con canali televisivi come DMAX, programmi radiofonici e influencer come Le Coliche. Insomma, parte del mio *income* adesso deriva da *Dinosauri Onesti*. Attenzione: ho detto "parte". Di per sé non è un grande affare avere quasi 250.000 seguaci, se ti limiti a pubblicare post. Ma ricordiamo che questo è accaduto soprattutto grazie a quel post che nel giro di due giorni raggiunse più di un milione di persone.

Quasi senza volerlo (in realtà scopriremo poi che non è stata solo fortuna) ho creato un qualcosa che, in pochissimo tempo, è diventato popolare.

Da qui nasce il mio interesse "adulto" per i fenomeni virali. Ho letto praticamente tutta la (scarsa) bibliografia a riguardo, dal libro *Idee Forti*, che vi consiglio, a *Contagious* di Berger, dal quale ho preso tanti spunti anche per questo percorso che faremo insieme.

Ma torniamo a noi. Come abbiamo già detto, un contenuto sui social o nella vita reale diventa "magnetico" quando in un breve periodo raggiunge tantissime persone grazie al tasto "Condividi" o al più comune passaparola. In sostanza il "condividi" che troviamo sui social non è altro che la versione digitale del passaparola tradizionale, quello che utilizziamo per consigliare a un amico un ristorante in cui siamo stati o un nuovo rasoio appena uscito sul mercato e con il quale ci troviamo particolarmente bene.

Ma quali caratteristiche hanno questi contenuti? Lo scopriremo in questo percorso, particolarmente indicato per coloro che vogliono utilizzare e capire i meccanismi del passaparola in ottica di marketing. Soprattutto se avete un progetto, un'azienda o un brand che volete sponsorizzare tramite il *unconventional marketing*, ossia marketing non convenzionale.

Il termine "virale" è mutuato dalla medicina, ed è un termine purtroppo molto attuale in questo periodo. Nel nostro caso, un 'contenuto virale' o "magnetico" è un contenuto che si espande come un virus grazie al passaparola digitale, che avviene tramite la condivisione. Questo genere di contenuti (video, storie, canzoni, notizie) normalmente porta in seno alcune caratteristiche specifiche, come ad esempio suscitare un'emozione molto forte.

Parlando ad esempio di video virali, essi possono essere distinti in due tipologie: i video che sono di per sé virali e quelli che sono stati costruiti da brand famosi proprio con lo scopo di farli girare portando in seno i valori del brand. Noi tratteremo principalmente i secondi. Esempio di questi ultimi sono il video di Range Rover con Jean-Claude Van Damme che fa una spaccata tra due camion in corsa, oppure il famosissimo *Will It Blend?*, una miniserie presente su YouTube dell'azienda Blendtec che mostra una sorta di "Cappellaio Matto" che frulla diversi oggetti di uso comune, dall'iPhone agli accendini.

Questo dimostra che un marchio attraverso storie e video virali può smettere i propri valori: nel caso di Range Rover la precisione dello sterzo nei suoi camion e nel caso della Blendtec la potenza inarrestabile dei suoi frullatori.

Alcuni video possono raggiungere addirittura miliardi di visualizzazioni. Pensate che il video di PSY, *Gangnam Style*, pur non avendo un particolare appeal in occidente, ha costretto i programmatori di YouTube ad aggiornare il sistema di statistiche perché non avevano previsto che un video potesse raggiungere il miliardo di visualizzazioni!

Ma chiediamoci: cosa fa in modo che il vostro pubblico prema il tasto 'Condividi'? L'ho già detto, spesso la viralità è un po' casuale, anche se ci sono delle caratteristiche che potrebbero rendere potenzialmente magnetico un contenuto. Vero è che la difficoltà di un fenomeno virale è proprio quella di mantenere la *buona onda*. Normalmente, il grafico di un fenomeno virale ha un picco nei primi giorni e poi scende subito nelle settimane successive. Infatti, una cosa da tenere sempre a mente è che, purtroppo o per fortuna, in Internet si va a *ondate*. La cosa più complessa è sfruttare al massimo il potenziale di un contenuto divenuto virale così da poterlo sfruttare come ho fatto nel caso di *Dinosauri Onesti*, che è operativo ormai dal 2015, ha oltre 200mila follower tra Instagram e Facebook e milioni d'interazioni ogni trimestre.

Può capitarvi di avere il colpo di fortuna, per questo la bravura sta nel riuscire a sfruttare le opportunità che questo *lucky strike* porta con sé.

3

Engagement Emotivo: Empatia, Stimoli, Sentimenti

Sicuramente una delle caratteristiche principali che un buon contenuto dovrebbe sempre avere è la stimolazione di alcuni sentimenti. La compassione, la paura, la rabbia e la meraviglia sono elementi fondanti di qualsiasi storia magnetica. Le persone condividono un'informazione solo se suscita in loro un'emozione forte. Chiedetevi: *"Il contenuto o la storia che sto creando punta a generare un'emozione? Ha un target emozionale?"*. Ovviamente la leva più potente tra tutte è la rabbia (vedi gli annunci dei politici): quando succede qualcosa che ci indigna siamo spinti a condividerla, a parlarne, a confrontarci con gli altri. Possiamo anche sfruttare la compassione o l'empatia. La creazione di un legame empatico con il pubblico è molto potente e può ad esempio spiegare il fenomeno delle *Candid Camera*, degli scherzi con telecamere nascoste. Condividiamo spesso questo genere di contenuti perché si crea un legame forte con colui che subisce lo scherzo e si genera in noi una sorta di *catarsi*, ossia di liberazione emotiva semplicemente guardando il video e immedesimandoci nel protagonista.

Soffermiamoci un minuto sul concetto di "empatia". Empatia significa, in soldoni, provare quanto prova l'altro. E nel nostro percorso di analisi dei fenomeni virali e del passaparola ha un ruolo cruciale. Si verifica un legame empatico tra noi e ciò che stiamo guardando quando quest'ultimo, in qualche misura, riesci a toccarci nel profondo. A farci immaginare il dolore, la felicità, la gioia o la commozione del o dei protagonisti ad esempio di un video. É un fenomeno osservabile con facilità nei film. Guardando un lungometraggio ben fatto non sarà difficile immedesimarsi nelle pene del protagonista. In quel momento noi stessi diventiamo i protagonisti e noi stessi viviamo il suo dolore. Certo, si tratta di un film, ma in quei pochi istanti noi diventiamo tutt'uno con la sua sfida e il suo stato psicologico. Nel momento in cui un contenuto riesce a farci emozionare, a toccare le nostre corde più profonde e intime, è riuscito nel suo intento. Non esiste fenomeno virale senza emozione, potremmo dire, e l'emozione più forte che possiamo provare è quella di *comunanza* con quanto rappresentato.

Il pubblico, quando si trova per le mani un contenuto o un'Informazione, dovrebbe pensare sempre *"Come mi comporterei io in questa situazione?"*. Questo crea un vero e proprio *engagement emotivo*, un coinvolgimento a livello emozionale che rappresenta la vera spinta alla condivisione. Tutto ciò che voi condividete, tutto ciò che diventa virale e dunque supera una soglia molto alta di visualizzazioni, ha sempre una caratterizzazione emotiva. Il contagio, ossia la diffusione di contenuti, avviene anche e soprattutto perché c'è un coinvolgimento psicologico del fruitore. Si può trattare di rabbia, compassione, felicità. Il punto focale è ricordarsi che contenuti e storie, per diventare magnetiche, devono essere portatrici di un'emozione forte e dai caratteri atipici. Dico atipici perché insieme all'emozione devono esserci anche alcuni *elementi di novità*, particolarmente importanti in un contesto come quello dei social media dove quello che in comunicazione si chiama *rumore* è particolarmente forte. Senza elementi originali è difficile catturare l'attenzione. Una foto di una capretta è molto carina, ma il video di dieci caprette vestite con pigiami colorati che zampettano su e giù è ancora meglio. L'utente medio non solo è distratto per natura del *medium* stesso (non c'è focalizzazione sui social come c'è ad esempio leggendo un libro) bensì è anche abituato allo *straordinario*. É quotidianamente bombardato da immagini, video e informazioni strabordanti e quindi ancor più disattento.

Ma torniamo a noi. Le emozioni negative (rabbia, disdegno, disprezzo) hanno un potenziale più acceso e preponderante rispetto alle emozioni positive. Questo è determinato dal fatto che quando qualcosa tocca i nostri nervi scoperti in maniera dolorosa la nostra reazione sarà più vivace.

Ma ricordate che incapsulare un'emozione in un contenuto non è cosa facile: dobbiamo sfruttare il linguaggio, la musica, i parametri del mezzo di comunicazione e molti altri fattori. Possiamo costruire questo corollario emozionale solo nel momento in cui abbiamo bene in testa un'idea creativa che funzioni, un concept vincente che per sua natura abbia il potenziale d'incorporare emozioni e valori.

4

Come Trovare l'Idea Creativa che Funziona

Negli studi che ho effettuato ho notato che la maggior parte dei contenuti che definisco "magnetici" sono basati su un'idea semplice. Forse state pensando che siano necessari grandi pensatori e migliaia di euro per creare una storia o un contenuto che trasmetta i vostri valori e allo stesso tempo giri molto, in maniera spontanea, per il web o per la strada. Non è così. Un video che mi ha stupito moltissimo è quello di un gruppo musicale che si chiama 'OK Go'. È un gruppo musicale che, secondo me, rimarrà nella storia più per i suoi video che per le sue canzoni. I membri del gruppo hanno fatto dell'ingegno e della mancanza di fondi la chiave del loro successo, registrando video low budget ma decisamente potenti (andate a vedere quello dei balletti sui tapis roulant sincronizzati). Questo conferma che non è necessario avere grandi budget per creare un contenuto che generi passaparola. La cosa più importante è che l'idea sia semplice e sia forte, qualcosa che scateni l'emotività tramite schemi ben precisi senza necessariamente andare a spendere molti soldi per la creazione del contenuto.

Ripeto: l'idea deve essere semplice.

Non spremetevi le meningi, non cercate di realizzare progetti complessi: più semplice sarà l'idea di fondo e più intellegibile sarà il vostro messaggio. Vi sfido a descrivere l'idea per il vostro contenuto o la vostra storia in sole 5 parole. Non sei. Non dieci. Cinque. Se non riuscite a spiegarlo con le famose 5 parole, siete fuori strada e molto vicini al precipizio delle idee artificiose e per nulla efficaci. Perché il mio progetto Dinosauri Onesti ha funzionato? Perché l'idea era semplice: dinosauri-che-dicono-luoghi-comuni. 5 parole, visto? Proviamo con *Will it Blend?* distruggere-oggetti-dentro-al-frullatore. Anche qui direi che ci siamo. Siate semplici. Non esagerate, sfrondate tutto lo sfrondabile e ricordate che fare progetti low budget oltre a essere economico è anche più divertente perché stimola la creatività.

Pensiamo ad esempio a *Will It Blend?*, "Riusciremo a frullarlo"? La serie, disponibile su YouTube, ha un budget piuttosto ridotto ed è ambientata in un piccolo studio con un signore vestito da scienziato che prova a frullare diversi oggetti della vita quotidiana. Mi ricorda molto le televendite di Chef Tony, che diventò virale prima di internet. Quanto sarà costata la produzione di questa serie? Non molto, sicuramente. Uno stanzino, un tavolo, qualche luce e un attore molto probabilmente pescato tra le fila dell'azienda stessa. Eppure è diventata una serie virale, che crea vera dipendenza. Vi assicuro che non riuscirete a fermarvi al primo episodio, in voi nascerà una spinta primordiale che vi porterà a doverli guardare tutti. Non capirete perché, non capirete subito che dentro quei contenuti c'è il famoso ingrediente segreto. Un mix di creatività, semplicità, risate e bizzarrie. Una ricetta che i creatori della Blendtec hanno studiato molto, molto bene. Tanto è vero che sin da subito ho pensato: "voglio quel frullatore". Così come quando ho visto per la prima volta lo chef Tony in televisione tagliare un ananas al volo con i suoi mirabolanti coltelli *Miracle Blade*.

In ottica di marketing, vale a dire nel momento in cui creiamo contenuti che hanno come obiettivo la vendita, la domanda da porsi è: *"Che valori vogliamo trasmettere?"* e soprattutto *"Come li vogliamo trasmettere? Attraverso quali emozioni?"*

Nel caso di *Will It Blend?* vengono trasmessi i valori di solidità e potenza del prodotto, di fruibilità e facilità di utilizzo. Tutto ciò in chiave ironica, che se volete potete utilizzare anche voi per la vostra promozione aziendale. Attenzione però: l'ironia rischia di essere un'arma a doppio taglio, quindi utilizzatela con parsimonia e fate prima un bella prova dei contenuti per capire se il vostro pubblico li trova realmente divertenti. Non c'è nulla di peggio di un'azienda che vuole ispirare simpatia ma non ci riesce. E ricordatevi inoltre che alla base c'è l'idea creativa e l'emotività può essere scatenata tramite schemi ben precisi.

Come già accennato, esistono due tipologie di contenuti virali: quella in cui il prodotto virale viene progettato in quanto tale e quella in cui esso diventa virale senza che il creatore lo abbia programmato. Ebbene sì: alcuni contenuti generano passaparola senza che fosse in programma. Sono i casi più ambigui e difficili da studiare. Non si capisce bene il perché, ma riescono a diffondersi a una velocità incredibile pur non essendo trash, non essendo emozionali, non essendo nulla di nulla. Tant'è. Ciò che vi invito a fare è andare a collocare tutte le caratteristiche che considero vitali per avere una maggiore probabilità che il contenuto giri in modo importante.

É vero e l'abbiamo già detto: conta anche la fortuna. Ma se non vi impegnate a elaborare un contenuto che in potenza possa diventare magnetico, come potete pretendere che lo diventi? Un mio amico si lamenta perché non vince mai ai gratta e vinci. Ci credo, non ne ha mai comprato uno! Cercate di soffermarvi in fase di progettazione, fate vostri i contenuti di questo libro e ricordatevi sempre che il lettore va guidato. Non puntate sulla fortuna: incorporate il maggior numero di leve emozionali possibili e non abbandonate il vostro contenuto alla casualità.

Se all'inizio abbiamo già ben chiari un'emozione chiave e dei valori da comunicare, ecco che avremo un prodotto con più possibilità di diventare magnetico.

Ci sono alcuni topic dai quali partire (se proprio non si hanno idee) che sono per loro natura in grado di suscitare *"emozioni facili"*. Prendi un cane o un gatto, fagli fare qualcosa di umano o bizzarro e il gioco è fatto. É incredibile pensare a quanto queste simpatiche bestioline riescano a monopolizzare sempre la nostra attenzione. C'è qualcuno che, però, si è spinto anche oltre, caricando su YouTube un video di caprette saltellanti vestite con pigiamini colorati. Riuscite a immaginarle? Diventa impossibile non innamorarsi di certi video, non avere voglia di condividerli con gli altri. Si scatenano emozioni immediate come tenerezza, divertimento, atipicità. Se volete promuovere un vostro prodotto con un video potenzialmente virale dovrete però iniziare a lavorare di fino sull'idea. Ok il cucciolo di Labrador della Tenderly che giocava con i rotoli di carta igienica, ma qui è meglio attivare l'immaginazione e lasciare gatti e cagnolini a riposo.

Ricordo che durante un esercizio in classe assegnai ai miei studenti il compito di elaborare un concept per un potenziale video virale. Budget per la realizzazione del video: 1.500€. Devo ammettere che quella mattina ero di cattivo umore così assegnai loro un prodotto veramente poco attraente: degli aspira/spazza foglie a compressione di tipo industriale appena visti su un catalogo specializzato. Se facessimo una classifica degli strumenti meno sexy da lavoro, ecco, questi aspiratori vincerebbero. Sono quelli dotati di zainetto e pompa, per intenderci. Forse quella volta ho un po' esagerato! E vedi un po' i miei (adorati) studenti cosa mi tirano fuori dopo solo una quarantina di minuti? Un'idea per un video in cui sei giocatori, imbragati con i compressori sulle spalle e in tre per ogni squadra, danno origine a una sfida simile all'hockey con tanto di disegno del campetto di gioco. Ottima idea, dico. Una sfida dove anziché le mazze, per spingere il disco in rete, si usa il prodotto. Ci siamo. Ma il bello doveva ancora venire! Quei piccoli genietti si sono inventati, proprio per questo video, l'idea di "saponare" l'intero campo da gioco. Questo avrebbe garantito grandi capitomboli ed enormi risate. Bene, quella classe capì veramente bene quello che era il compito assegnato loro. Riuscirono a far emergere le caratteristiche del prodotto (poco sexy, ricordiamolo) con un'idea decisamente creativa, realizzabile a basso costo e anche divertente da vedere. Mi immaginai già il titolo del video di YouTube: *"Pazzi si sfidano a hockey-compressore su campo saponato"*. Geniale, non trovate?

"Bizzarro" è uno dei termini chiave quando si parla di contenuti virali per il web, perché ciò che è visto come atipico e originale stuzzica la nostra curiosità e lo rende degno di essere condiviso.

In un mare di cattive notizie, fake news e aggiornamenti di stato di compagni delle elementari che non vediamo da vent'anni non è difficile attirare l'attenzione. Basta avere l'idea originale che faccia svegliare il nostro visitatore dal torpore della noiosa navigazione social.

5

Le Azioni "Laterali" per Raggiungere gli Obiettivi

Come detto in precedenza, non sempre creare un buon contenuto è sufficiente per ottenere milioni di visualizzazioni su YouTube o centinaia di migliaia di condivisioni su Facebook. Bisogna in qualche modo 'spingerlo' ove possibile. Esistono portali come BuzzFeed o Reddit, o altre piattaforme, che fungono da trampolino di lancio per questi contenuti. Infatti, spesso non sono sufficienti la viralità e la condivisione spontanea. Bisogna fare leva con supporti esterni come campagne di marketing non convenzionale (adesivi, guerrilla marketing, flashmob) a sostegno della strategia virale.

Ma facciamo un piccolo passo indietro. Perché un'azienda, un gruppo musicale o un personaggio pubblico dovrebbe puntare a realizzare un contenuto che diventa virale? La risposta già la sapete: per la visibilità. Più utenti riconoscono il tuo marchio e più persone verranno a conoscenza dei tuoi valori e del tuo prodotto. In sostanza si tratta di pubblicità gratuita e veicolata in maniera non convenzionale. Per questo dobbiamo aspirare a "fare il botto", perché possiamo raggiungere tantissime persone con un costo limitato. Giriamo il video,

LE AZIONI "LATERALI" PER RAGGIUNGERE GLI OBIETTIVI

lo carichiamo su YouTube e il gioco è (quasi) fatto.

Nasce però una piccola grande incognita. I fruitori del video saranno tutti potenziali acquirenti del mio prodotto o ascoltatori sfegatati della mia musica? La risposta è semplicemente no. Il video virale si pone in quello che nel marketing viene nominato *upper funnel*. É quella fase di vendita in cui i potenziali clienti non sono ancora a conoscenza del tuo prodotto o servizio. Dunque realizzare un video divertente non porterà vendite, ma si limiterà a far girare il nome del brand, generando quella che in inglese si definisce *brand awareness*, conoscenza del marchio. Io, ad esempio, non ho mai comprato il favoloso frullatore BlendTec eppure sono oggi qui a parlarvene. Capite ora il perché vi parlo di pubblicità gratuita a costo quasi zero? Generare un passaparola mondiale può iniziare anzitutto a mostrarci sul mercato in maniera rapida e, perché no, creativa e divertente.

La Bassetti ha creato un video, poi diventato virale, il cui concept era una battaglia all'ultimo sangue con i (propri) cuscini. La Samsung ha promosso un contest che consisteva nello sfidare ignari passanti in una stazione a fissare senza chiudere gli occhi un monitor per un tot di minuti, con dietro gente che strombazzava e motociclisti che facevano impennate, per cui qualcosa di molto atipico ma con una strategia molto chiara e nitida. Si sapeva che il contenuto avrebbe raggiunto il successo perché era una cosa bizzarra che ha anche coinvolto persone nella vita reale.

Quando dico che non basta creare un buon contenuto o una buona storia, vi voglio semplicemente spiegare che spesso e volentieri è necessaria anche una strategia di marketing di supporto al vostro progetto. Molti di voi stanno leggendo perché vorrebbero che il loro video o contenuto diventi popolare in breve tempo. Certo, con un po' di fortuna può diventare virale anche senza un supporto esterno. Avere però un ufficio stampa solido che si impegna, che lancia i comunicati e vi sostiene nel lancio è un vantaggio molto importante rispetto al *"lo carico e vedo come va"*. Bisogna andare a intaccare e a interagire con quelli che sono degli influencer, ossia persone che rilanciano quello che è il tuo contenuto.

Quando caricai il famoso meme che raggiunse il milione di persone (per la cronaca: era un brachiosauro con semplicemente scritto *"condividi un brontosauro senza motivo"*) non avvenne tutto subito. Furono necessari alcuni giorni prima di vedere nel grafico la famosa impennata. Cosa avvenne? Ora, io non posso sapere esattamente chi diede inizio a tutto questo, ma posso affermare con ragionevole sicurezza che si è trattato di un utente influente che ha coinvolto, in prima istanza, una buon numero di persone che a loro volta ne hanno coinvolte di altre.

Per cui è così che funziona. Un utente influente condivide o supporta il vostro contenuto raggiungendo un gran numero di persone, dopodiché gli utenti raggiunti dall'influencer condividono a loro volta raggiungendo un numero nettamente inferiore di utenti. Ma ormai il dado è tratto, e il processo di contagio è iniziato.

Facciamo un esempio. Voi avete un video musicale e lo caricate su YouTube. Può essere il più geniale del mondo, il più semplice e il più emotivo. E vi fermate lì. Pensate invece se questo video venisse condiviso da Vasco Rossi all'interno di un suo canale, da Instagram a Facebook. Capite che Vasco Rossi è un portatore d'interesse e il vostro video avrebbe un potenziale ancora più importante di diventare popolare. Non è comunque detto che diventi virale, ma diciamo che un aiutino dai portatori d'interesse è sempre utile.

LE AZIONI "LATERALI" PER RAGGIUNGERE GLI OBIETTIVI

Dovete sempre cercare di posizionare i vostri contenuti dove sapete che esistono persone interessate a quello che fate, perché è proprio da lì che ha origine il contagio. Vorrei farvi un esempio di una band musicale che realizza un gran bel video creativo di genere metal. Dove "spingerlo"? Di certo non nel gruppo Facebook dei fan dei Laura Pausini. Esistono gruppi e newsgroup specializzati nel loro genere musicale. É da lì che devono partire con la promozione. É lì che troveranno terreno fertile per germogliare, non altrove. Purtroppo questo passaggio è spesso dimenticato. Puntiamo al tutto e subito, vogliamo creare importanti risultati in poco tempo. Abbiamo la velleità di dover piacere a tutti. Eppure non è così. Bisogna iniziare a coinvolgere uno "zoccolo duro", fidelizzare degli *early adopters* (sono coloro che per primi provano una tecnologia o comunque qualcosa di nuovo) perché saranno loro che alimenteranno il contagio.

A livello personale sono stato *early adopter* per molte tecnologie, dai rasoi BoldKing ai proiettori portatili verticali. L'ultima è stata un'applicazione per il risparmio alimentare dal nome Too Good To Go. Tramite questa applicazione è possibile acquistare con forti sconti prodotti in scadenza e invenduti di supermercati e ristoranti, evitando che del cibo ancora buono venga buttato. Il tutto a prezzi più che onesti e con l'aggiunta del rispetto per l'ambiente (meno rifiuti). L'idea mi è subito piaciuta: andare al Conad e uscire con una busta da 3/4 Kg di latte, carne, merendine (le box sono una sorpresa) al modico prezzo di 3,99€ per me, che vivo da solo, è stata una vera rivoluzione. Ho iniziato così a parlarne con alcuni miei amici che sapevo avrebbero apprezzato l'iniziativa. Alcuni, non tutti. A oggi gran parte dei miei amici più stretti hanno fatto almeno un'esperienza con l'app, e devo dire che il mio ruolo di *ambasciatore* non autorizzato ha dato i suoi frutti. Per cui ricordatevi, se potete, d'indirizzare i vostri contenuti magnetici verso coloro che possono a loro volta indirizzarli a persone simili a loro. Se riuscite a fare breccia in una nicchia poi il resto verrà da sé.

6

Monetizzare il Ritorno Economico di una Storia Fortunata

So che ve lo state chiedendo, ma so anche che c'è il rischio di provare un filo d'imbarazzo. *Un contenuto virale porta soldi? Posso diventare ricco se un mio contenuto o una mia storia è baciata dalla fortuna e diventa popolare all'improvviso?* La risposta è molto semplice: solitamente no. Non direttamente almeno. Al numero di persone che vengono raggiunte non corrisponde quasi mai un riscontro economico equivalente. Se dovessi avere un euro per ogni mio post che è stato condiviso oggi sarei milionario, ma ahimè non è così. Possiamo però andare a diversificare il ritorno economico utilizzando la visibilità guadagnata sui social come trampolino di lancio per dimostrare le nostre capacità in ambiti correlati a quella che è la nostra *expertise*. Questa è una operazione che fanno molte persone che si trovano a gestire un'improvvisa popolarità: diventano famose sul web per qualcosa che hanno fatto, capiscono che sui social non c'è ritorno economico e allora si lanciano su altri media come, ad esempio, la radio o la televisione. Pensiamo a Francesco Sole: è diventato famoso su YouTube e sui social, dopodiché è andato a presentare *Tú sí que vales* con Belén Rodríguez su Canale5. Il singolo contratto con la rete Mediaset immagino gli abbia fruttato mille volte l'importo guadagnato dalle visualizzazioni monetizzate su YouTube. O almeno di solito è così. Perché è facile pensare che appena diventiamo celebri tutto il mondo giri attorno a noi. Che i numeri che generiamo ad esempio sui social siano indicatore della ricchezza dell'influencer di turno. Ve lo dico fuori dai denti, e non vi farà piacere: il 99% di quelli che chiamiamo influencer fanno la fame. Molti di loro addirittura si indebitano per creare contenuti sempre più stravaganti. Avete capito bene. Si indebitano. E quell'1% che invece ci guadagna, sui social, come fa? Semplicemente ha capito che le metriche di vanità non rifocillano il conto in banca, e si lanciano su altro sfruttando la visibilità.

Dunque, un contenuto virale in sé non porta soldi. La celebrità in sé non è una questione economica. Voi potete avere anche 15 milioni di visualizzazioni su YouTube e fermarvi lì. E vi ripeto che la fredda, gelida verità è che la stragrande maggioranza di quelli che chiamiamo influencer non hanno una lira. Zero. Perché non sono stati in grado d'ingegnerizzare il business. Davvero c'è ancora gente che crede di poter fare la bella vita, tutto spesato, semplicemente girando il mondo e scattando qualche foto? Ragazzi miei, il mondo reale è un altro! Magari guadagnano qualche cinquecento euro perché qualcuno più stupido di loro pensa *"ha un milione di follower, farà vedere il mio prodotto in un post"*. Ci sono influencer da milioni di follower che hanno fatto fatica a vendere cento magliette. Fate un po' voi. Questo a dimostrare che la visibilità è sì importante, ma va anche sfruttata con i giusti meccanismi di business che, detto fuori dai denti, devono portare soldi veri.

Nel mio caso la condivisione dei miei meme non ha portato alcun guadagno in sé. Facebook non mi paga se raggiungo mille persone o dieci milioni. E io questo lo sapevo bene. Ho dovuto elaborare una strategia che mi permettesse di *monetizzare*. Avevo gli utenti, avevo una community di follower fedeli. Come sfruttarla? Potevo chiedere

MONETIZZARE IL RITORNO ECONOMICO DI UNA STORIA FORTUNATA

loro soldi dopo anni di contenuti gratis? Vi dirò la verità, io ci ho anche provato, creando lo *store* di t-shirt. Posso anche dire di aver ottenuto dei risultati decenti, ma di certo non sono diventato ricco! C'era però qualcosa che sapevo sarebbe stato ben più profittevole. Ho optato per il modello di business legato al personal branding. Mi spiego meglio: creare questo progetto social diventato virale per me è diventato uno strumento di personal branding potentissimo. I soldi non li ho guadagnati dal progetto *Dinosauri Onesti* in sé, ma dall'indotto, vale a dire dai clienti che ho acquisito in qualità di creativo e "creatore" di *Dinosauri Onesti*. Ha funzionato tantissimo per quanto riguarda la mia immagine personale. Ho chiuso diversi contratti senza che i clienti guardassero il mio curriculum, la laurea in Comunicazione o quella specialistica in Spettacolo e Comunicazione. O gli ulteriori studi in Lettere Moderne. Per loro ero il creatore di *Dinosauri Onesti*, che era riuscito a creare un seguito di 250mila persone, ed era riuscito a mantenere alto l'interesse per il progetto per cinque anni. Questo a loro bastava. In poche parole il mio progetto ha raccontato all'esterno le mie capacità di gestione della comunicazione e i soldi sono arrivati trovando dei clienti disposti a pagare per i miei servizi.

E ricorda che sui social oggi ci sei, domani non ci sei. Soprattutto in Italia, dove i numeri sono solo una piccola percentuale di quelli americani. Il riferimento ai vari fenomeni *trash* italiani non è poi così velato. Il contenuto spazzatura suscita emozioni molto semplici: il *cringe* (imbarazzo) e il disgusto. Pensiamo alla disgraziata protagonista del video *"Non ce n'è Coviddi",* che ora ha girato anche un video musicale. Oppure, quel motociclista che cade dall'Harley Davidson, quello di *"può accompagnare solo".* Quanto pensate che durino questi "fenomeni" che diventano famosi per una frase o una fesseria da immondizia? Un mese forse. Non dovete mai puntare alla notorietà facile: potrete sì creare un'emozione forte e immediata, ma starete comunicando qualcosa di estremamente triste su voi stessi e il vostro brand. Dovete sempre puntare a creare un contenuto che valorizzi voi stessi, non che vi degradi.

Un esempio molto intelligente sullo sfruttamento della popolarità social a scopi di personal branding lo ha messo in pratica il mio amico Federico Clapis, che ha iniziato realizzando dei video musicali abbastanza controversi, al limite della spazzatura. Ogni contenuto "*trash*" aveva in sé una piccola parte profonda e intelligente, che pian pianino è andata a estendersi fino all'abbandono di questa tipologia di contenuti e all'introduzione di un Federico "artista".

La sua strategia è stata brillante. Facendo leva sul *trash* e sapendo bene che era quello che gli italiani volevano è riuscito a puntare i riflettori su di lui, raggiungendo milioni di persone. Una volta ottenuta l'attenzione di Internet e collocatosi nell'olimpo digitale ha iniziato a modificare i suoi contenuti rendendoli sempre più intellettuali e pregiati.

Adesso è un artista rinomato, che ha iniziato facendo parodie e interpretazioni di personaggi bizzarri, con canzoni su temi importanti trattati in modo irriverente. Si è trattato di un percorso ragionato: posizionarsi sui social con contenuti pop per poi toglierli inserendo contenuti culturali. Ha imposto al suo pubblico dapprima un'intossicazione, dopodiché una disintossicazione indotta. Chiaramente nel processo ha perso follower, ma quelli rimasti sono follower forti che apprezzano e che conoscono la sua arte. Ecco, questo è un esempio di utilizzo intelligente della viralità con lo scopo di fare del personal branding e creare una community. Ciò dimostra che si può "alzare un po' il gomito" in termini di *trash* solo se si è in grado di tenere in pugno la situazione e saperla gestire.

7

Replicabilità del Format e Parodie

Un altro tema davvero importante quando si tratta di contenuti virali è la replicabilità del format e delle parodie.

I più importanti contenuti virali sono semplici da replicare, semplici da raccontare, semplici da digerire. Gli utenti devono essere messi in grado di partecipare attivamente alla creazione dei contenuti e delle parodie. Se il format che proponiamo risulta semplice avremo sicuramente una possibilità in più che venga preso come riferimento e replicato. E le repliche creano popolarità e coinvolgimento attivo all'interno di sempre nuove community digitali. Nel caso dei meme dei Dinosauri Onesti il mio scopo principale era quello di creare un formato semplice e accessibile. Volevo che fossero gli utenti a creare i meme con il dinosauro e il luogo comune, un'operazione realizzabile in pochi minuti con qualsiasi smartphone. E nel momento in cui ho iniziato a vedere che gli utenti creavano loro stessi i contenuti, sono iniziate anche le parodie. Ecco, io le definisco parodie, ma in realtà erano brutte copie dell'idea. Vi riporto un esempio calzante. Quando nella narrazione della pagina decisi di far arrivare un asteroide (si, il famoso asteroide che neutralizzò i dinosauri) la pagina rimase chiusa e inaccessibile per qualche settimana. Silenzio. Nessun nuovo post, profilo non ricercabile, nessuna traccia. D'altro canto cosa vi aspettavate dall'arrivo di un mastodontico asteroide? Ebbene, in quelle settimane di silenzio su Facebook ma sopratutto Instagram fioccarono profili sciacalli che, rubando le mie vecchie immagini di archivio, si proponevano come Dinosauri Onesti. Questi elementi mi fecero pensare che il mio operato, agli occhi di molti, aveva un valore. Ci siamo un secondo distaccati dal concetto di replicabilità ma volevo semplicemente farvi capire quali sono i parametri per definire il successo (o l'insuccesso) di un'idea. Se vi copiano e vi prendono in giro, in buona sostanza siete sulla strada giusta. In questo capitolo parleremo però della replicabilità del format come caratteristica magnetica. Di come la semplicità di riproduzione possa rappresentare un valore aggiunto per la vostra idea magnetica.

Ricordate l'*Ice Bucket Challenge*? Quella sfida che ha coinvolto numerose persone aveva un obiettivo assolutamente valido e degno di nota: sostenere la ricerca per una malattia rara, la SLA. Il gesto di rovesciarsi in testa un secchio pieno di ghiaccio stava proprio a rappresentare la sensazione e l'emozione che prova un malato di SLA nel momento in cui deve fare un movimento. Questa challenge aveva un nobile obiettivo e portava in seno dei valori, ma non tutti lo sapevano. La chiave del successo è stata la sua replicabilità. É stato lanciato in un periodo primaverile – estivo e dunque era possibile a chiunque replicare l'operazione. Con l'engagement indotto di "nominare" altre tre persone e sfidarle a farlo a loro volta questo progetto aveva in seno proprio la replicabilità e i principi stessi del passaparola. Ma soprattutto era facile da realizzare: bastava uno smartphone per le riprese e una vaschetta piena di ghiaccio. Tutti abbiamo il ghiaccio in freezer. Tutti abbiamo uno smartphone in tasca. In pratica, tutti possiamo partecipare all'Ice Bucket Challange. Come detto in precedenza, l'endorsement di personaggi pubblici, calciatori e personaggi dello spettacolo ha dato la spinta iniziale al fenomeno che è divenuto (in poche settimane) mondiale.

Nel momento in cui create un progetto per il web, infatti, uno dei fattori più importanti rimane la replicabilità. Dovete creare qualcosa che sia semplice e replicabile, nel caso di *Dinosauri Onesti* io creo meme con dinosauri e luoghi comuni. Perché ho ragionato in questi termini? Perché volevo creare qualcosa di replicabile e i luoghi comuni sono infiniti, ogni giorno se ne aggiungono di nuovi alla nostra cultura popolare. Questo, unito al dinosauro, qualcosa di atipico ma che ci collega tutti perché ci riporta all'infanzia, ha creato un qualcosa di magico. E il tutto è davvero semplice da realizzare, anche per gli utenti più inesperti. É sufficiente fare una ricerca su Google per trovare un'immagine di un t-rex e basta una qualsiasi app di ritocco per aggiungervi sopra un testo. I *Dinosauri Onesti* fanno ridere e la risata è una di quelle emozioni che suscitano la condivisione.

Per sostenere questo principio importantissimo della replicabilità, dopo solo un anno dalla creazione della mia pagina giurassica, ho creato un gruppo privato su Facebook dedicato esclusivamente alla realizzazione di nuovi contenuti da parte della community. Avevo iniziato a notare che molti ragazzi e ragazze creavano il loro "dinosauro onesto" e me lo mandavano. Una sorta di *fan-art*. Quello fu lo spunto che mi fece capire che il mio pubblico desiderava partecipare attivamente alla realizzazione dei meme. Aprii così *"Il gruppo dei fan dei Dinosauri Onesti"*, rigorosamente privato e accessibile solo su invito (l'esclusività è un'altra leva a me molto cara). Ma c'era bisogno di alcune regole che permettessero agli utenti di creare contenuti in linea con il format originale. Fornii loro immagini e indicazioni tecniche su come realizzare il meme perfetto (i più votati sarebbero finiti nella pagina ufficiale). In un certo senso li istruii. A oggi il gruppo conta oltre

6.000 iscritti che propongono quotidianamente divertenti immagini di dinosauri che dicono luoghi comuni. Anche in questo caso la replicabilità è stato un elemento cruciale per raggiungere passaggi successivi più articolati e allo stesso tempo più soddisfacenti.

Cercate dunque di pensare in maniera laterale, di unire quei tasselli che a livello logico non avrebbero alcun senso. Bisogna suscitare un'emozione, un contenuto deve essere atipico a prima vista, nei primi cinque secondi di un video ad esempio devi far capire che quello è qualcosa che merita la tua attenzione. Infatti, le cose particolari, speciali ed emozionali (nel caso di contenuti che si sviluppano nel tempo, come i video o le canzoni) si mettono sempre all'inizio. Si deve capire subito di cosa si tratta, deve essere qualcosa di unico con un'idea forte ed efficace alla base. Qualcosa che persuada in maniera inaspettata come, ad esempio, ha fatto l'*Ice Bucket Challenge*, che è diventato celebre nel momento in cui qualcuno d'importante ha fatto *endorsement*, ossia ha appoggiato l'iniziativa e ha iniziato la catena. Un contenuto magnetico è una sorta di catena di Sant'Antonio che si va a diffondere in maniera virale grazie alle condivisioni. Se abbiamo anche il supporto di qualcuno che sia uno stakeholder, dunque un influencer o una persona con un grande seguito, sicuramente la replicabilità del format è agevolata. Chiaramente, deve essere qualcosa di bizzarro, atipico e deve avere l'effetto 'wow'! Parlo di quell'effetto che fa fermare l'utente perché lo stupisce, lo coinvolge, lo emoziona. Deve subito notare che c'è qualcosa di speciale sotto i suoi occhi. Può essere una frase, un'immagine, una notizia, una storia. L'importante è ricordarsi che l'attenzione dello spettatore è limitata e che quindi è sempre meglio posizionare queste leve nella parte iniziale. E diciamolo chiaramente: se i vostri contenuti non hanno questo effetto non avranno la minima possibilità di venire condivisi. Una volta catturata l'attenzione potete snocciolare i vostri valori nell'arco del susseguirsi dei frame o della lettura.

REPLICABILITÀ DEL FORMAT E PARODIE

Il web è davvero particolare. Gli utenti sono distratti da mille lucine ed è molto complicato ottenere la loro attenzione. A differenza, ad esempio, di un racconto presente in un libro o di una serie tv dove possiamo inserire l'effetto 'wow' alla fine, sul web deve essere presente sin dall'inizio. Questo è uno dei principi cardine della scrittura online. Se non hai un titolo che sconvolge il lettore difficilmente l'utente continuerà la lettura di una notizia. E così deve essere anche con i vostri video, le vostre canzoni, i vostri articoli, i vostri post. Posizionate subito un gancio emozionale che faccia leva sull'originalità, somministrate immediatamente una sorta di antipasto gratuito con lo scopo di far entrare il vostro cliente nel ristorante, date un bello schiaffone per risvegliare l'iscritto al social network di turno dal sonno della ragione. Così facendo avrete la sua attenzione, che è già qualcosa. A seguire titillate la loro curiosità fino allo scioglimento finale, certi che nell'arco di questa connessione tra contenuto e utente siete riusciti a comunicare ciò che realmente era il vostro obiettivo primario.

8

Talento e Originalità. Cosa ti Rende Speciale?

Abbiamo detto in precedenza che l'investimento economico è un fattore relativo quando si parla di contenuti per il web. Certo, se pensiamo ai video di Beyoncé o di *Gangnam Style* è un'altra storia, è chiaro che lì c'è stato un investimento importante sia in termini realizzativi che in termini di promozione. Ma la cosa divertente è che spesso e volentieri i video virali sono a costo zero e si basano principalmente sull'originalità e sul talento. Il pensiero va subito a *Numa Numa*, il terribile (in senso buono) video di un ragazzo cicciottello che ha raggiunto miliardi di visualizzazioni semplicemente cantando (male) ma interpretando (in maniera divina e goffamente teatrale) una canzone dell'est Europa. Per la cronaca: *è diventato ricco?* No.

C'è una bella linea che separa il talento dall'originalità. Il talento è innato e se lo possedete siete molto, molto fortunati. Nulla vieta, però, a coloro che non possiedono un talento innato di creare contenuti che siano originali. Fai di necessità virtù, come dice il saggio.

In un mio podcast (si chiama Podcast Emozionale, lo trovi su Spotify)

TALENTO E ORIGINALITÀ. COSA TI RENDE SPECIALE?

di qualche tempo fa ho affrontato proprio questo tema. Il titolo dell'episodio era "Talento vs Creatività". Discutevo del fatto che non tutti coloro che hanno talento sono in grado di essere a loro volta creativi. E che i creativi senza alcun talento specifico sono spinti in maggior misura a trovare soluzioni innovative in quanto devono affrontare questa mancata abilità. Conosco decine di persone di talento. Musicisti eccelsi, pittori incredibili che, però, non sono in grado di creare qualcosa di nuovo. Hanno un talento innato ma gli manca la spinta creativa. Certo, se parliamo dei mostri sacri alla Leonardo da Vinci è palese di come si possa rappresentare la più limpida commistione tra le due cose. Ma tra noi terrestri, di norma, chi ha talento non è creativo (e viceversa). Chi vince la sfida tra i due? Io ho sempre parteggiato per i creativi, per gli innovatori che navigano in acque impervie e senza alcun talento creano qualcosa di nuovo. Non c'è niente di più demoralizzante che vedere un musicista tecnicamente molto bravo che non ha mai scritto una canzone tutta sua. E allora preferisco il rocker sgangherato che sa bene di non essere un talentuoso ma che ce la mette tutta per creare qualcosa di nuovo e inedito. Se avete un talento naturale, sfruttatelo. Ma aggiungetevi anche un pizzico di pensiero creativo, perché il talento soltanto vi può solo far assomigliare a dei robot, a dei replicanti. Aguzzate l'ingegno, in ogni caso!

É molto facile creare video o contenuti virali a costo zero nel momento in cui avete talenti o abilità peculiari. Se siete abili giocolieri, assi del biliardo o ballerini provetti siete da subito avvantaggiati. Provate ad esempio a dare un'occhiata alla pagina social *People Are Awesome* dove ci sono persone che fanno cose incredibili con skateboard, pattini o che fanno parkour.

Se avete un'abilità straordinaria o comunque interessante, come disegnare un ritratto senza staccare la penna dal foglio, possedete già un contenuto potenzialmente magnetico perché è unico e l'utente lo troverà particolarmente coinvolgente. Chiaramente deve essere qualcosa di originale e mai visto prima (o visto poco).

Un'altra caratteristica che potete sfruttare in assenza di un talento originale è l'unione di elementi atipici. Il nostro cervello è affascinato da tutto quello che è, in qualche misura, strano. Vi invito a collegare elementi che normalmente non appartengono allo stesso campo semantico per generare concept creativi. Vi riporto ora l'esempio di *Annoying Orange*, un progetto YouTube da oltre 10 milioni d'iscritti. Il creatore di questa fortunata serie di video, con molta semplicità, ha creato il personaggio dell'arancia rompiscatole. Si tratta di un'arancia vera e propria (non disegnata) che parla con la bocca di un umano. La qualità è quella dei film di serie B, non pensate a effetti stratosferici o cose del genere. Ora, tutti sappiamo che le arance non parlano e che se ne vedessimo una così nel frigorifero scapperemmo a gambe levate. Ecco, è proprio questo il punto: l'arancia che parla è qualcosa al di fuori dell'ordinario. Qualcosa che colpisce e che unisce due elementi che, normalmente, non si sposerebbero mai nella vita reale. Qualcosa che vale la pena raccontare. Capite ora come non sia impresa poi così ardua quella di collegare l'incollegabile per generare qualcosa di nuovo (e ottenere milioni d'iscritti). Bisogna semplicemente pensare fuori dagli schemi. Vedere una ragazza che balla sui tacchi non è straordinario, ma vedere un energumeno di 2 metri che fa la stessa cosa con leggiadria lo è. Osservare un bambino che scia può essere carino, ma vedere un pony che lo fa è straordinario. Bere un caffè da una tazzina è comune, farlo da un casco da moto è fuori dagli schemi. Pubblicare la foto di un ananas non è speciale, aggiungergli delle piccole braccia, delle zampette e un naso lo è. Vedere la foto di un dinosauro non è speciale, il fatto che borbotti luoghi comuni del tipo *"la colazione è il pasto più importante della giornata"* lo è. Dovete far dire "wow" ai vostri utenti, e il modo più semplice per farlo è di stupirli con elementi atipici, connessioni strambe e cose mai viste.

9

Le Spinte alla Condivisione: la Valuta Sociale

Jonah Berger, l'autore di uno dei libri più importanti sul tema della viralità (*Contagious*) propone una sua personale visione di ciò che rende un contenuto o una storia memorabile e degna di essere condivisa. Cercheremo di andare più nel profondo per capire quali siano le caratteristiche cruciali che sono in grado di rendere un contenuto a prova di bomba. L'autore sostiene che non è necessario che tutti questi *step* vengano inclusi all'interno dell'idea o del contenuto multimediale, ma possono essere sufficienti anche solo uno o due di essi.

Il primo parametro di cui l'autore parla è la valuta sociale. Le persone preferiscono raccontare qualcosa che le renda migliori e che le faccia sembrare più intelligenti, più interessanti oppure più considerate. Il passaparola diventa una valuta sociale quando rappresenta una leva che ci rende in qualche misura migliori di prima. Proviamo a pensarci un attimo. Noi raccontiamo di un prodotto per narrare noi stessi. Diciamo a un amico che siamo stati alle Maldive per ricevere apprezzamento e allo stesso tempo elevare il nostro status. Quando ero in aula a insegnare ponevo molto l'attenzione sui prodotti di lusso. Tutti i miei studenti, all'unanimità, sostenevano che quando tenevano in mano, indossavano o vivevano un prodotto o un'esperienza di lusso, le loro endorfine erano a mille. Era un po' come vivere un'esperienza magica. Per capire meglio questo concetto provate a focalizzarvi sulla sensazione che provate quando indossate per la prima volta un paio di scarpe nuove. Sarete molto attenti a non sporcarle, e avrete l'impressione che tutti le stiano guardando. Vi farà sentire bene. E questo benessere vorreste narrarlo, come detto, per innalzare il vostro status oltre che per condividere questa bella sensazione.

Siamo infatti portati a condividere le cose che, implicitamente, raccontano qualcosa di noi, del nostro essere e del nostro modo di vivere. Siamo quello che condividiamo, arche sui social! É sufficiente un breve sguardo agli ultimi post di un qualsiasi profilo Facebook per farsi un'idea del tipo di persona che risiede dietro a quella griglia d'immagini e post. É naturale: tendiamo a condividere (consciamente o inconsciamente) elementi che ci hanno emozionato e che quindi raccontano qualcosa di profondo per noi. Una canzone, ad esempio, se condivisa può manifestare una richiesta di connessione con lo stato emozionale provato in quel momento. Vi è mai capitato di farlo? Di essere felici e pubblicare il video di una canzone particolarmente divertente? Bene, quel video in quel momento sta raccontando qualcosa di voi, del vostro stato d'animo.

E una volta che i post condivisi diventano dieci, cento, mille ci accorgiamo come indirettamente stiamo raccontando al mondo (o almeno ai contatti che abbiamo) il nostro percorso di vita. Sarà facile distinguere i periodi bui da quelli allegri, i periodi di silenzio da quelli particolarmente loquaci. Tutto è segno, e ogni segno se visto nell'economia appena descritta assume un significato. É sufficiente unire i puntini scorrendo la bacheca.

Capita a tutti prima o poi di infatuarsi di qualcuno. E qual è la prima cosa che tendiamo a fare una volta che ne conosciamo il nome e il cognome? Cercarla su Facebook, ovviamente. Cercare di scoprire dettagli, passioni e tendenze semplicemente scorrendo la sua bacheca. Cercare di capire qualcosa di lei. Ma qui c'è un grande inganno. Quello che possiamo imparare non è come è una persona, bensì cosa quella persona ha deciso di condividere con il mondo. Come detto in precedenza i momenti tristi li teniamo (giustamente) per noi, siamo restii a renderli pubblici. Capiamo così che quel profilo che in un certo senso stalkerizziamo rappresenta l'immagine della persona in questione alla quale sono stati sottratti gli elementi più intimi, fragili e dolorosi. Quello che abbiamo di fronte non è altro che un avatar edulcorato del profilo reale di quella persona. Forse è il caso di tenere in considerazione questo fatto prima di considerare quella persona speciale!

Tornando a noi, quando condividiamo qualcosa lo stiamo facendo come implicita richiesta di accettazione, di appartenenza a un gruppo o semplice desiderio di attenzioni. Così facendo il creatore di contenuti sveglio riuscirà a creare una storia che eleva il pubblico mediante la condivisione. Sarò sincero, ma alcuni video e notizie sembrano proprio aver appeso un cartello che dice *"guardami, lo condivido perché mi devo dare un tono"*. Questo avviene in particolare modo con i contenuti d'indignazione, oppure con i video di appartenenza (ad esempio a un particolare gruppo sociale).

Per farla breve, è molto semplice risalire alla personalità di un utente osservando ciò che condivide. Ogni post pubblicato rappresenta una particella, un dettaglio del suo essere in quel preciso momento. E andando ad analizzare lo storico dei post capiremo ben presto se si tratta di una persona socievole o solitaria, se si interessa di politica o di sport, se ama un certo *mood* piuttosto che un altro e così via. Condividiamo

LE SPINTE ALLA CONDIVISIONE: LA VALUTA SOCIALE

ciò che, agli occhi degli altri, dovrebbe farci sentire *speciali*.

Che i canguri non sappiano saltare all'indietro è una notizia interessante e curiosa e quindi vorreste saperne di più, vorreste saperne la fonte. Questa strategia è stata ideata da Snapple, un'azienda americana che produce tè e bevande, che ha inserito sotto il tappo delle proprie bottigliette delle notizie molto curiose. Questa strategia ha portato a maggiori volumi di vendita, perché si generava un gran passaparola con queste storie bizzarre e inusuali. Inoltre, anche il luogo dove le si trovava era curioso: sotto il tappo. Questo è un esempio classico di come una notizia curiosa possa *elevarci*. Ci eleva proprio perché possiamo essere i primi a raccontarla (e a goderne dei benefici), perché ci può far passare per tipi interessanti o perché può essere utilizzata come intermezzo in una qualsiasi serata tra amici.

Per generare il passaparola si possono anche utilizzare le meccaniche di gioco e dunque implementare la *gamification*, ossia proporre un gioco, un'attività all'interno del proprio prodotto. Un esempio di questo processo è il celebre gelato Cucciolone. Le barzellette che si trovano su di esso sono un elemento che ha una presa incredibile sui bambini e sugli adulti. Sappiamo bene che esistono gelati al biscotto migliori del Cucciolone, ma i bambini desiderano questo proprio perché è speciale, li eleva. Così come la forma particolare del Calippo, che non è altro che un semplice ghiacciolo dalla forma bizzarra.

Un discorso a parte sull'elevazione di *status* andrebbe fatto per la questione delle marche d'abbigliamento. Il prodotto "di marca", per definizione, eleva colui che l'indossa. E allora vedremo flotte di bambini con Nike *"tarocche"* comperate al mercato. Non scarpe economiche senza marca, bensì copie mal fatte dei modelli del famoso brand. Capiamo allora come tutto ciò che ci circonda, tutto ciò che indossiamo, tutto ciò che condividiamo in potenza ha lo scopo di elevarci. Perché se così non fosse non lo condivideremmo con gli altri. Sembra banale dirlo, ma non metteremmo mai in mostra qualcosa che ci denigra in qualche misura. Soprattutto sui social, dove la visibilità è al limite del pubblico. Non ci permetteremmo mai di pubblicare un post ammettendo di aver fallito l'esame di guida per conseguire la patente. Ciò non ci eleverebbe. Le persone tendono a condividere ciò che, agli occhi degli altri, li fa apparire in una certa misura *"migliori"*, talvolta *speciali*. Riprendendo un vecchio adagio: *"siamo una generazione triste ma pubblichiamo sempre foto felici"*. O ancora meglio, *ante litteram* citando il caro Luigi Tenco che alla domanda *"perché scrivi solo canzoni tristi"* rispose *"perché quando sono felice esco"*.

Un altro esempio di *gamification* sono i punti fedeltà, le miglia che si possono accumulare con le compagnie aeree o con le compagnie di viaggio dei treni. Anche "ogni nove kebab uno in omaggio" ti spinge ad andare sempre in quel posto. Si tratta di tecniche di marketing di livello base, volte a generare un senso di appartenenza oltre che un vantaggio di tipo economico.

Un altro elemento che genera la valuta sociale è l'esclusività, cioè avere a portata di mano un prodotto che è ristretto a una cerchia limitata di persone, oppure che avviene tramite una selezione per poter acquistare quel prodotto. Basti pensare alle code per acquistare il nuovo iPhone. Questa esclusività è contagiosa e nel momento in cui hai qualcosa di esclusivo sei portato a mostrarlo e a parlarne e questo genera un passaparola. Anche se negli ultimi anni si assiste a manifestazioni al limite dell'isteria collettiva in merito alla ricerca spasmodica di oggetti esclusivi, il fenomeno in realtà ha una lunghissima storia. Senza entrare nel dettaglio sappiamo bene che fino a qualche secolo fa la divisioni in classi sociali era un dato di fatto, così come lo è

LE SPINTE ALLA CONDIVISIONE: LA VALUTA SOCIALE

diventato la possibilità di scalare l'ascensore sociale per meriti sul lavoro. Indossiamo elementi distintivi che caratterizzano il nostro status, desideriamo implicitamente mostrarlo agli altri perché un qualcosa diventa reale solo nel momento in cui viene condiviso e accettato dagli altri.

Soffermiamoci un istante su questo concetto che ritengo cruciale. Qualcosa diventa reale solo nel momento in cui viene condiviso e accettato dagli altri. Non è sufficiente condividere una notizia o una storia, è necessario che gli altri la accettino e la prendano per vera. Possiamo includere tutte le leve emozionali del mondo nella nostra storia ma se non ha caratteri di verosimiglianza non attecchirà mai. E se per un fortunato caso dovesse attecchire, al primo dubbio crollerebbe l'intero castello (e insieme a esso tutta la nostra credibilità come persone o addirittura brand). Tutti noi abbiamo un amico particolarmente incline all'esagerazione, all'ostentazione o, diciamolo fuori dai denti, alla bugia. I fatti che questo genere di persona racconta non lo elevano affatto, non corrispondono a una moneta sociale in quanto non vengono riconosciuti dal gruppo al quale appartiene. Quindi attenzione: noi possiamo diffondere una notizia ma le persone devono assumerla, con ragionevole certezza, come vera. Se costruiamo un impero basato sulla menzogna la ricaduta sarà totale ed estremamente dolorosa. Capiamo dunque come quando parliamo di valuta sociale parliamo di banconote sociali reali, non di soldi del Monopoly.

10

Generare il Passaparola con Stimoli Forti e Frequenti

Uno stimolo serve a riportare alla mente un prodotto o un'esperienza in particolare e ci spinge a parlarne. Esistono due tipi di stimoli in grado di generare il passaparola, analogico o digitale che sia. Per iniziare diciamo che vi sono stimoli molto forti che hanno però una frequenza molto blanda o addirittura unica. Ad esempio, una persona che torna da una vacanza a New York sarà molto propensa a parlarne nei primi giorni in cui tornerà a casa. Ne parlerà in ogni occasione: con amici, colleghi, parenti. Distribuisce anche in questo caso moneta sociale, che lo eleva. Non mancherà di pubblicare foto sui social e così via. Stessa cosa vale per un concerto esclusivo, una promozione sul lavoro, un fidanzamento o in generale qualsiasi attività che implichi un forte stato emozionale che, ahimè, come tutte le cose belle tende a svanire nel giro di pochi giorni. É evidente che questo tipo di stimoli siano piuttosto rari e avvengano con una frequenza blanda. Se dovessimo disegnarli su un piano cartesiano sarebbero facilmente rappresentabili con un picco improvviso e una rapida discesa.

All'opposto però esistono degli stimoli più deboli ma con frequenza

GENERARE IL PASSAPAROLA CON STIMOLI FORTI E FREQUENTI

più alta, che generano un passaparola lento e costante. Sono quelli che garantiscono una maggiore visibilità proprio perché reiterati nel tempo. Ad esempio saremo portati a parlare della marca di merendine che mangiamo la mattina perché ogni giorno ne vediamo il marchio stampato sulla scatola. O della nuova serie tv di Netflix perché ce la propone ogni dieci minuti con notifiche o email promozionali.

Un parametro cruciale nella diffusione di storie o notizie virali è la ripetizione. In un contesto comunicativo come quello odierno, dove siamo letteralmente bombardati da stimoli di ogni tipo, emergere è un dilemma. Non è facile. Come abbiamo detto in precedenza è necessario includere elementi emozionali nel nostro modo di comunicare, ma non possiamo limitarci a questo in quanto se non diffondessimo il messaggio un numero sufficiente di volte esso si perderebbe nel mare di informazioni in cui il pubblico è fin troppo abituato a nuotare. Nella comunicazione odierna regna la distrazione. Non vi rallegrerà sapere che quando parlate, anche in un contesto tranquillo come una cena a lume di candela, con la vostra partner la sua attenzione non supera mai il 70% a dir tanto. Siamo colpiti da stimoli di ogni tipo: visivi, sonori, psicologici. Come possiamo ambire ad avere la massima attenzione su di noi? Risposta breve: non è possibile. Le uniche armi che abbiamo a disposizione sono le emozioni e la ripetizione. Ripetere, ripetere, ripetere. Perché così facendo abbiamo qualche possibilità in più che il pubblico ci capisca.

Chiaramente alla base deve esserci un'idea che per sua natura è semplice. Perché un'idea semplice è più comoda e facile da ricordare. Nel momento in cui avete un progetto diciamo di business dovete essere in grado di spiegarlo a chiunque in una manciata di parole. E questo non basterà, perché dovrete ripeterglielo più e più volte. E farlo in maniera almeno un po' emozionale, o che in qualche misura abbia un aggancio di tipo esperienziale sul quale l'utente possa appoggiarsi. Se io avvio una scuola online basata su video corsi a pagamento fisso mensile potrò semplificare il mio messaggio definendola "il Netflix della formazione". Tutti conosciamo Netflix e conosciamo i suoi servizi e il suo modello di business. Stiamo garantendo un gancio con qualcosa di conosciuto. Per lanciare però il progetto sarà necessaria una enorme strategia volta alla ripetizione del messaggio con l'obiettivo di guadagnare l'ambito spazio all'interno della mente del consumatore. Pensate alla pubblicità sui social. Vedete un annuncio di vostro interesse (vi appare perché avete espresso interesse in quel settore) e ci cliccate sopra. Leggete qualche riga e tornate indietro alla vostra normale navigazione. Cosa fa il sistema di gestione della pubblicità? Ve la ripropone all'infinito! Vedete come la ripetizione sia alla base della penetrazione mentale di un'idea e come in molti casi questa operazione sia realizzata in maniera coatta. Ripetete qualcosa un numero sufficiente di volte e diventerà verità, diceva un famoso politico.

A volte però gli stimoli ripetuti avvengono in maniera decisamente fortuita. Un esempio della grande efficacia degli stimoli è quello della barretta di cioccolato e caramello *Mars*, che sicuramente conoscete. Nel '97 le vendite di questa barretta aumentarono del 70% senza che l'azienda implementasse alcuna strategia di marketing e nessuna nuova pubblicità. L'aumento delle vendite fu dovuto al fatto che proprio in quell'anno, per la prima volta una sonda della NASA atterrò su Marte. Le persone sentendo continuamente parlare di Marte, *Mars* in inglese, quell'anno furono invogliate a comprare l'omonima barretta di cioccolato. La reiterazione di un messaggio è la chiave di qualsiasi propaganda, non scordatelo mai.

Tenete sempre a mente che bisogna avere un prodotto valido alla base, altrimenti il processo d'incentivo alla condivisione rischia di diventare nullo. Possono bombardare di pubblicità quanto vogliono, ma se a un primo utilizzo il prodotto risulta mediocre o scadente il passaparola si genererà, ma non sarà di quelli desiderabili. Potrebbe sembrare scontato ma tutto quello che state imparando in questo libro non può avere alcuna utilità se dietro non è presente un'idea o un prodotto valido. E una comunicazione autentica, ovviamente. Potete realizzare il video musicale più spettacolare del mondo, ma se la canzone è scadente non andrete lontano. Buon senso a parte, viene da chiedersi perché giri certa musica mediocre in televisione, in radio e su Internet. Ho appena affermato che se il prodotto è "marcio" non farà strada solo grazie alla comunicazione. Bene, non è proprio così. Se il prodotto ha una spinta enorme, se viene riproposto miliardi di volte esso raggiunge lo status di *standard*. Riprendiamo l'esempio della musica. Un artista può essere mediocre ma se ha alle spalle un impianto promozionale potentissimo la sua mediocrità verrà superata grazie alla ripetizione e alla visibilità pubblica. Ed essendo più visibile si genererà l'*effetto pecora* di emulazione sociale, fino ad elevarsi a idolo. Questo per dire che se abbiamo un budget pubblicitario enorme potremo spingere anche qualcosa di non eccelso. In questo caso ho parlato di musica, dunque un qualcosa al limite dell'intangibile. Nella nostra vita non cambia molto se andiamo ad un concerto di un artista che sarebbe dovuto essere talentuoso e invece si è dimostrato un cane. Pensate invece alle conseguenze enormi che può avere una campagna pubblicitaria massiva su un prodotto per la cura di una malattia. Qui le conseguenze della sua mediocrità sarebbero ben evidenti e disastrose. O ancora peggio la propaganda politica, che anziché un prodotto è volta a promuovere ideali e riforme. Non giudicatemi, ma credo che almento l'80% dei lettori di questo libro non possano considerarsi soddisfatti dell'operato del partito politico che hanno votato alle ultime elezioni. Questo perché la politica, come abbiamo visto, ha un'enorme spinta pubblicitaria e si avvale della continua ripetizione. Spinta tale da creare un'idea immaginifica e idealizzata che va a surclassare il suo reale valore. Se aggiungiamo poi la spinta emozionale che ogni politico che si rispetti (o il suo ufficio di comunicazione) è in grado di inserire in storie e messaggi, bene, la frittata è fatta.

Quello su cui vorrei posaste la vostra attenzione adesso è il rischio che ho deciso di nominare *mancato raggiungimento dell'obiettivo* di comunicazione. Pensiamo al caso dei già citati Ok Go!. Hanno realizzato video davvero straordinari dove l'arte e la creatività sono espresse alla massima potenza. Ma qui si ferma tutto, perché l'attenzione è focalizzata sulle immagini, non sulla musica. E lo scopo di un gruppo musicale dovrebbe essere principalmente quello di farsi ascoltare, non farsi vedere. Capiamo dunque come sia facile, in un certo senso, attirare l'attenzione ma anche di quanto sia difficile raggiungere l'obiettivo comunicativo. Una volta risvegliata la curiosità dell'utente è necessario dimostrare, ed è meglio farlo subito, qualcosa che abbia un valore reale, perché se così non fosse avremmo soltanto destato l'utente per pochi secondi senza renderlo un vero seguace in grado di apprezzarci e di parlare agli altri di noi.

Ma torniamo alle nostre stimolazioni: i fattori per i quali uno stimolo è efficace sono la frequenza, l'unicità e il timing. Un esempio di uno stimolo molto forte ma con un timing sbagliato è quello del portafogli che ci accorgiamo di aver dimenticato a casa solamente una volta arrivati al supermercato. Questa è un'operazione che abbiamo compiuto migliaia di volte. Un qualcosa che siamo profondamente abituati a fare, e che nel momento in cui per qualche motivo non si verifica crea una fortissima reazione emozionale. Pensate che ci sono genitori amorevoli che si dimenticano di andare a prendere il proprio figlio all'asilo! Questo è un vero e proprio baco nel sistema delle nostre abitudini, e dovrebbe farvi comprendere quanto la disattenzione sia diffusa nella nostra società.

Per ovviare almeno in parte queste problematiche bisogna assolutamente aumentare la frequenza di visualizzazione dei contenuti, che devono essere unici ma allo stesso tempo con un giusto timing. Si deve far uscire un contenuto che tocchi una tematica corretta nel momento giusto, perché se lo si fa in anticipo o in ritardo questo contenuto non può diventare virale. Come abbiamo detto infatti è necessario rilasciare i propri stimoli forti in maniera frequente, in ogni caso. Ad esempio la mia pagina Dinosauri Onesti ha scelto come linea editoriale quello di pubblicare pochi contenuti settimanali ma con una costanza certosina. A oggi, dopo cinque anni non credo che la pagina sia stata silente per più di tre o quattro giorni, a eccezione di alcune soste programmate che facevano parte di un livello superiore di narrazione, vale a dire dello storytelling che guida il progetto. Un esempio simpatico di questo lato narrativo è stato l'arrivo dell'asteroide la notte di Capodanno 2018, che ha avuto come risultato un silenzio di pubblicazione di quasi un mese per poi riemergere con i nuovi personaggi che avrebbero affiancato i Dinosauri Onesti, gli Egizi Perbene. Perché ho attuato una strategia di questo tipo? Mi ero accorto che gli stimoli forti e frequenti, appunto, dopo un po' annoiano (vedi l'esempio del figlio dimenticato all'asilo). Nel mio caso ho voluto creare un diversivo, lasciare senza pasto i miei iscritti per poi illuminarli con la luce nuova dei nuovi protagonisti egizi. Per mantenere la buona onda ogni tanto è necessario dare uno strappo, tagliare i rami secchi. Solo così è possibile sopravvivere nel contesto social dove tutto è straordinario e allo stesso tempo tutto è ordinario. Nel cosmo di stimoli forti e frequenti ho notato come dare un segnale eccessivo possa in qualche misura rinvigorire le sorti del brand o della pagina in questione.

Come abbiamo già detto, il tema del virale tocca anche quello della fortuna. Basti pensare a quante band non hanno avuto successo nonostante fossero state più brave, ad esempio, dei Nirvana o dei Pearl Jam. Questo perché, oltre alla fortuna, c'è stato anche un problema di tempismo. In poche parole: nella vita il tempismo è tutto!

11

Emozioni Positive, Negative e Eccitamento Fisiologico

Abbiamo già detto che le reazioni emotive sono cruciali nel momento in cui parliamo del concetto di "magnetico", anche e soprattutto nei social media. Le emozioni ci spingono a condividere e non conta che l'emozione sia positiva o negativa, ma conta soltanto lo stato di eccitamento fisiologico che provoca. É proprio questo stato di eccitamento che ci porta a compiere delle azioni, nel nostro caso specifico a premere il tasto "condividi" o a raccontare un qualcosa a un amico o una collega. Per cui nel momento in cui voi riuscite a intaccare un'emozione forte in maniera piuttosto immediata, avrete la possibilità di generare una condivisione e avere più chance che la vostra storia si diffonda.

In qualità di esseri umani possiamo avere a che fare con emozioni positive ed emozioni negative. Alcune sono ad alto tasso di eccitamento e altre sono a basso tasso di eccitamento. Questo significa che esiste sì l'emozione, ma che questa stessa emozione può avere un differente livello d'intensità. Non si tratta dunque di emozioni assolute, bensì del grado che queste emozioni riescono a raggiungere nell'interlocutore.

Quali sono le emozioni che chiameremo positive su cui puntare per avere un alto tasso di eccitamento? La meraviglia, l'esaltazione, il divertimento. Interi programmi televisivi, come ad esempio *Italia's Got Talent* fanno leva su questo genere di emozioni. Ci incollano allo schermo proprio perché propongono contenuti visivi che suscitano la nostra meraviglia. Ogni ospite ha un talento peculiare e rappresenta una sfida personale in cui noi ci immedesimiamo. Speriamo che il giocoliere riesca a fare il suo numero, che il musicista senza braccia ci incanti con le sue note, che il trapezista non cada sulla rete. In quel momento si crea empatia, perché noi viviamo la sfida del giocoliere, del musicista e del trapezista. Ci immedesimiamo in lui, e nella meraviglia. In aggiunta vi suggerisco di notare questo elemento. Fateci caso: ogni ospite del programma, nel momento in cui deve presentarsi ai giudici e al pubblico, racconta una storia. La sua storia. E nessuno dei concorrenti ha una storia banale. Tutti hanno vissuto un momento buio, tutti hanno incontrato una piccola o grande difficoltà prima di calcare quel palco. Perché una storia comune non è mai magnetica, deve contenere elementi di attrito e almeno qualche difficoltà per fare presa sul pubblico. Questa è la base di ogni storia che si rispetti, questa è la base dello storytelling emozionale.

Per quanto riguarda invece le emozioni negative ad alto tasso di eccitamento abbiamo la collera e l'ansia. C'è poi un'emozione positiva con un tasso di eccitamento più basso, l'appagamento, e una negativa a basso tasso di eccitamento, la tristezza.

Siamo portati a condividere qualcosa che tocca i nostri nervi scoperti, sia in positivo che in negativo. Inutile negare che un film ci appassiona quando ci fa provare delle emozioni forti. La meraviglia è l'emozione positiva che amo di più. Quando qualcosa acchiappa la mia attenzione e genera in me un senso di meraviglia, semplicemente, sono appagato.

EMOZIONI POSITIVE, NEGATIVE E ECCITAMENTO FISIOLOGICO

Vedere skaters fare evoluzioni pericolose, bambini di cinque anni suonare la batteria come dei professionisti navigati o gli atteggiamenti così umani di uno scimpanzé in qualche misura mi gratificano. Riescono a toccare le corde della magia. Anche quando qualcosa risulta particolarmente divertente o buffo tendiamo a condividerlo. Abbiamo già parlato di scherzi e candid camera e della loro forza catartica che ci fa immedesimare nella situazione in oggetto. Guardiamo *Paperissima* perché sappiamo che quegli incidenti e quelle gaffes possono accadere anche a noi, ma per questa volta sono capitate a qualcun'altro. E la cosa ci gratifica.

Discorso più complesso vale per le emozioni negative. Le emozioni negative, per definizione hanno un potere psicologico dieci volte superiore rispetto a quelle positive. Non per nulla delle sette emozioni primarie solo una è positiva. Questo significa che il nostro DNA è predisposto più al dolore che alla gioia. Ma non facciamone un dramma: è una questione di sopravvivenza. Se nella nostra evoluzione non avesse predominato la paura, semplicemente non ci saremmo evoluti. Avremmo affrontato i rischi senza calcoli e ci saremmo estinti come specie. Detto questo e riportandolo al nostro discorso legato all'importanza di generare emozioni negli utenti, possiamo affermare che se vogliamo "vincere facile" possiamo puntare alle emozioni di collera e ansia. Non me lo invento io, ma è un dato di fatto che la stampa nazionale crei titoli allarmistici (al limite della fake news) proprio per incentivare la condivisione e la diffusione della notizia. Un modus operandi mutuato dallo stile del tabloid anglosassone: sboccato, urlante, sconvolgente. Di certo sapere questo non ci aiuta, visto che solo uno stupido punterebbe a queste emozioni ansiogene per generare una storia magnetica. Eppure qualche cercatore di attenzioni online esiste, e sparge notizie strutturalmente ineccepibili che presentano tutti gli ingredienti per incentivare la condivisione. Storie inventate di sana pianta che oltre a essere ignoranti sono anche pericolose. Non fate mai così. Puntate sulla meraviglia, non sulla paura. Anche se vendete sistemi antifurto evitate di fare leva sulle emozioni negative e concentratevi su quelle positive. Anziché focalizzare il vostro messaggio sulla paura che i ladri entrino in casa puntate sulla tranquillità del focolaio in una cena di famiglia. Non giocate con le emozioni negative: potranno in prima istanza risvegliare l'attenzione ma starete anche facendo preoccupare gli utenti oltremodo.

L'aspetto cruciale è quello di definire a priori, in fase di progetto, quella che sarà l'emozione che desiderate colpire con la vostra storia magnetica. Non fatelo dopo, pensateci prima, vi conviene. Chiedetevi quale desiderate sia l'effetto, l'emozione che volete suscitare nello spettatore. Una volta che l'avrete decisa mettete tutto il vostro impegno per elaborare un'idea che punti al cento per cento verso quell'obiettivo comunicativo. Volete fare leva sulla nostalgia? Molto bene. Trovate il giusto linguaggio, il giusto lessico, le giuste immagini che possano evocare un senso di nostalgia. Vedo sempre più creatori digitali che sorvolano su questo punto per poi ritrovarsi per le mani commenti di utenti che hanno male Interpretato il loro contenuto. Se in fase di studio si ha un obiettivo ben chiaro sarà molto difficile cadere in fraintendimenti ma più di tutto il resto avremo un obiettivo nitido da centrare: coinvolgere l'utente con un'emozione specifica.

Una delle lezioni di comunicazione più potenti che ho imparato nella mia ventennale esperienza è che *non è importante ciò che dici, bensì è importante ciò che l'altro capisce*. Detta così questa frase può sembrare al limite del criptico, ma è una grande verità che dovrebbe far riflettere chiunque. Questo perché il linguaggio e la comprensione non sono elementi univoci. Ogniqualvolta io parlo, ad esempio, di "amore" la persona che ho di fronte interpreterà questa parola secondo la sua esperienza di "amore". Io potrei parlarne in termini teneri e supporre che il destinatario faccia lo stesso, ma sovente non è così. Magari è appena uscito da una relazione devastante, e per lui l'amore è qualcosa di terribile, da evitare come la peste.

Potete metterci tutto l'impegno possibile per dare al vostro messaggio una chiarezza comunicativa ma dovrete sempre considerare ciò che l'altro capisce. Dovrete soffermarvi sulle sensazioni che il vostro messaggio porta nella vita reale delle persone. Questo è un errore che molti commettono senza accorgersene, vale a dire il supporre che qualcosa abbia la stessa valenza per tutti e susciti emozioni universali. Spesso non è così. L'unico modo che abbiamo per camminare sul ciglio della strada e limitare le incomprensioni è quello di semplificare l'idea. Proprio così. Più semplice è l'idea, minore sarà la possibilità che essa venga fraintesa. Tenete sempre presente questo aspetto, perché una barzelletta che vi fa ribaltare del ridere, magari al vostro amico non fa né caldo né freddo. É un concetto sottile come un baobab: non supponete mai che il vostro messaggio venga interpretato così come lo avete in testa.

Nella mia esperienza con i Dinosauri Onesti è accaduto proprio questo. Le vignette con i dinosauri che dicono luoghi comuni per me portavano un messaggio al limite dell'aggressivo, della critica sociale. Non avrebbero dovuto far ridere, al massimo far arrabbiare! Il mio intento era quello di far riflettere gli italiani su quanto medi e insignificanti siano. Di certo non un messaggio sobrio o divertente. Eppure dalla stragrande maggioranza del pubblico questi post vennero interpretati in tutt'altro modo. Quando il fenomeno iniziò a diffondersi decisi di rimanere anonimo (proprio perché il messaggio che intendevo inviare era al limite del politico), eppure come in ogni storia che si rispetti, in qualche modo qualcuno iniziò ad associare questa storia al mio nome.

Non dico che fui preoccupato, ma trovai la cosa eccitante.

Il primo risultato di questa scoperta fu che tantissimi miei amici e conoscenti iniziarono a seguire la pagina, nonostante avessi loro parlato di questo mio progetto ma senza riscontri. L'attenzione aumentò a dismisura: alcuni di loro, alle feste, mi indicavano con orgoglio dicendo *"lui è Dinosauri Onesti"*. Un pelo imbarazzante, a dire il vero. Iniziarono ad arrivare proposte di collaborazione con brand, richieste d'interviste radiofoniche e articoli (anche di psicologia) che parlavano del mio progetto. Detto questo voglio farvi capire come si è verificato anche nel mio caso il celebre "effetto pecora", e come a seguire la visibilità pubblica abbia alimentato il contagio.

Ma tutto questo portava in seno un mistero.

La gente aveva capito realmente quello che volevo comunicare? Mi trovai costretto a indagare. Inizia a chiedere feedback, riscontri a coloro che si interessarono per primi a questa mia idea. L'aspetto politico? Sparito, a favore di un effetto umoristico ma estremamente intelligente. L'aspetto aggressivo? Sparito anch'esso, a favore di una "tenerezza di tipo mesozoico". La linea critica rimase, il messaggio e l'invito alla riflessione arrivò al pubblico ma con un linguaggio molto diverso da quello che avevo in mente io, colui che l'aveva creato.

Il momento cruciale in cui capii quanto la comunicazione possa essere interpretata in maniera arbitraria fu quando ricevetti un messaggio di un papà che mi ringraziava per i miei post. Mi disse che si faceva grandi risate, in ospedale, con suo figlio di quattro anni che era un grande fan dei dinosauri. Scrisse che i miei contenuti riuscivano a strappargli sempre una risata in quel momento così difficile, e mi invitava a continuare. Fu commovente, e mi resi finalmente conto che non è importante ciò che dici ma quello che la gente capisce.

12

"Scimmia Vede, Scimmia Copia". L'importanza della Visibilità Pubblica

La visibilità pubblica è uno step molto importante all'interno degli studi di Jonah Berger. Ma cosa significa visibilità pubblica? Senza essere prolissi, possiamo intendere come visibilità pubblica la spinta a mostrare il proprio prodotto, logo, idea o notizia in contesti sociali ove essa sia riconoscibile.

Vi siete mai chiesti perché la mela sui portatili della Apple è rivolta al contrario quando l'utente lo tiene chiuso prima di utilizzarlo? Perché è molto importante che la mela sia nel verso giusto una volta che l'utente apre il computer, in modo che le altre persone possano vedere il logo e riconoscere subito che quello è un prodotto Apple.

Un esempio di come la visibilità pubblica influenzi le nostre azioni è quando siamo in vacanza e dobbiamo andare in un ristorante. Non conoscendo nessun posto, ci baseremo su quanto il ristorante sia pieno, perché un ristorante vuoto non attira nessuno! Questo per sottolineare quanto sia importante la visibilità pubblica e sapere che ci sono altre persone che fanno la stessa cosa. Si dice *"la scimmia vede e la scimmia*

"SCIMMIA VEDE, SCIMMIA COPIA". L'IMPORTANZA DELLA VISIBILITÀ...

replica", io lo chiamo *"effetto pecora"*. Nel momento in cui vediamo altri fare una cosa, siamo spinti a fare lo stesso e siamo più rassicurati perché lo sta facendo qualcun'altro.

Ci sono tantissimi esperimenti sociologici che dimostrano queste teorie. Vi faccio un esempio che potete trovare su YouTube. A Times Square, a New York, hanno messo una piccola transenna con una persona in fila. La transenna è in mezzo al marciapiede con un' unica persona ad aspettare. Ad aspettare cosa? Nulla ovviamente, era un esperimento. Dopo qualche minuto, hanno cominciato ad arrivare altre persone e a mano a mano che la coda diventava più lunga si aggiungevano sempre più persone, nessuna delle quali aveva ben chiaro cosa ci facesse lì. Iniziarono a vociferare che stesse arrivando un vip, piuttosto che una star dell'NBA. In realtà, nessuno sapeva nulla e la coda cominciò a diventare veramente lunghissima. Questo perché se noi vediamo qualcuno che fa qualcosa siamo rassicurati e c'è un "effetto pecora".

Il ragionamento che abbiamo appena fatto è "scimmia vede, scimmia copia" ed è basato su una sorta di riprova sociale. Questa è una cosa molto importante, perciò fate sempre in modo che altre persone sostengano il vostro progetto, perché questo creerà una coda lunga di emulazione positiva. Per questo è fondamentale rendere l'utilizzo del vostro prodotto o contenuto visibile, in modo che altre persone possano rendersene conto e poi imitarlo. Pensiamoci un attimo: se ragioniamo sul nostro comportamento rispetto ai video di YouTube, siamo molto più propensi a mettere like e visualizzare un tutorial che ha un milione di visualizzazioni rispetto a una che ne ha quindici. Lo riteniamo in qualche misura più affidabile. Questo per lo stesso ragionamento che abbiamo appena descritto: se vediamo molte visualizzazioni ci convinceremo che debba essere un buon prodotto.

Abbiamo una tendenza atavica a seguire le orme del gruppo (e dei leader, ovviamente). A livello psicologico diventa sconveniente andare contro a quello che potremmo chiamare *"pensiero del gregge"*. A tal proposito posso raccontarvi di un esperimento di cui sono stato inconsapevole vittima in seconda superiore. Siamo al liceo Manzoni di Milano, un martedì qualunque di una settimana qualunque. Lezione di Scienze Sociali, professoressa Fossali. A metà lezione mi alzo e chiedo il permesso per andare in bagno. Dopo pochi minuti torno e mi siedo di nuovo al mio posto. La classe stava discutendo di un tema piuttosto caldo: la violenza sulle donne. Ascoltavo stranito le opinioni delle mie compagne, le quali se ne uscivano con affermazioni particolarmente forti del tipo *"le donne devono stare a casa e lavare i piatti"* e *"a volte le botte se le meritano"*. Vi lascio immaginare il senso di straniamento che ho provato. Fui l'ultimo a dover esprimere la mio opinione sul tema, ovviamente con affermazioni contrarie all'uso della violenza sulle donne. Mi sentii tutti gli occhi addosso. Vi assicuro, non fu una bella sensazione. Io mi ritenevo nel giusto ma dopo pochi minuti si è paventato il rischio che le mie convinzioni iniziassero a vacillare. *Perché tutti affermano il contrario?* mi chiedevo. Anche perché un mio compagno di classe iniziò a inveire contro di me, dandomi del cretino. Ero perplesso, e il mondo stava andando alla rovescia. Bene, dopo venti interminabili minuti la docente mi rivelò che ero stato vittima di un esperimento sociologico e che l'intera classe era stata istruita a dire cose contrarie al senso comune e il mio compagno a erigersi a leader. Ora, io non dico che avrei cambiato idea sentendo gli altri dire certe castronerie. Ero piuttosto propenso a lasciare l'aula. Ma la sensazione che ho provato in quei minuti era quella di *sconvenienza*. Mi sentivo a disagio. E se sentirsi a disagio a livello psicologico è faticoso e non piacevole, capiamo come in casi più leggeri la scelta economicamente più vantaggiosa sia quella di allinearsi al pensiero comune. Proprio come fanno le pecorelle nel gregge e con il pastore.

"SCIMMIA VEDE, SCIMMIA COPIA". L'IMPORTANZA DELLA VISIBILITÀ...

Tornando al concetto di visibilità pubblica, da insider vi dico che questo è anche purtroppo il motivo per cui tante visualizzazioni su YouTube o Like sui social sono acquistati. Anzi mi sbilancerò: praticamente tutti i numeri dei social sono pompati. Ci sono tanti artisti che spendono migliaia dollari per avere riproduzioni finte su YouTube, per poi fare promozione su quel numero. Stessa cosa vale per i follower, perché noi siamo sempre influenzati da quello che fanno gli altri e dunque avere grandi numeri potrebbe influenzare anche voi. Spesso questi *escamotage* vengono utilizzati in fase di lancio per dare un input, ma non è detto che poi il contenuto piaccia o diventi virale. Certo si possono acquistare i follower, molti influencer lo fanno, molte band e molti youtuber, ma io ve lo sconsiglio.

13

Stimolare la Condivisione Puntando sul Senso Pratico e sull'Utilità

Cosa significa valore pratico? In poche parole: saremo più propensi a condividere un'esperienza di un prodotto con un'altra persona se pensiamo che le possa essere utile. Questo perché sappiamo che se consigliamo un prodotto o un servizio a un'altra persona e questa ne avrà un'esperienza positiva, ci sarà riconoscente e ci terrà più in considerazione. Si genererà inoltre un circolo virtuoso di affidabilità. Questo è dunque uno step che riguarda più il destinatario del messaggio che il mittente. Infatti, quando noi condividiamo un'informazione riguardo un ristorante, nel momento in cui la persona va nel ristorante e si trova bene ce ne sarà grata. Per cui chiedetevi: state dando qualcosa d'interessante con il vostro contenuto o la vostra storia? State dando delle informazioni utili? Io, ad esempio, in questo libro penso di dare delle informazioni utili, da insider, da persona che comunque ha vissuto il concetto di virale e crede di poter dare una mano a coloro che necessitano di queste informazioni.

Create qualcosa di utile, qualcosa che gli altri possano sfruttare e dalla quale trarne giovamento. Tenete sempre in considerazione che il valore

STIMOLARE LA CONDIVISIONE PUNTANDO SUL SENSO PRATICO E...

è il metro di misura della condivisione. Non potete esimervi dal pensare che le persone condividano principalmente ciò che ritengono utile. Se io, ad esempio, vengo a conoscenza di un'offerta davvero imperdibile sarò propenso a condividerla con la mia cerchia.

Un esempio di condivisioni d'informazioni in un certo senso virale è avvenuto durante il periodo Covid. Mio fratello Lorenzo, grande esperto di bandi e finanziamenti, mi comunicava quasi in tempo reale le informazioni relative all'erogazione dei fondi per i vari tipi di attività da parte del governo. Informazioni preziose che potevano valere migliaia di euro. Una volta ricevute, il mio primo pensiero andava ai miei amici e ai miei colleghi, ai quali non mancavo mai di mandare un messaggio per avvisarli di questo o quella nuova iniziativa a sostegno delle aziende. Condividevo queste informazioni perché le ritenevo utili, e allo stesso momento generavo un senso di riconoscenza nei miei interlocutori. Dunque anche un'informazione può diventare virale, l'importante è che sia utile e applicabile, che abbia dunque anche un senso pratico.

Non dovrei parlare di questo, ma so che molti di voi capiranno e riesumeranno ricordi rimossi legati al periodo della scuola. Immaginatevi all'intervallo delle dieci, mentre state sorseggiando il caffè scadente della macchinetta in compagnia di alcuni vostri compagni di classe. All'improvviso arriva Roberto, un ragazzo della sezione C che conoscete bene perché fa parte della vostra stessa squadra di calcetto. Vi saluta, e ammicca. Ha un'informazione che scotta, e proprio per il motivo sopra riportato non vede l'ora di condividerla con voi. Roberto ha appena fatto il compito di matematica e sa per certo che le domande saranno le stesse del vostro esame che dovrete sostenere domani. Si crea fibrillazione! Quanto sareste disposti a pagare per quella informazione che, nella pratica, potrebbe garantirvi un bel voto nel compito di domani? Ma Roberto non è così attaccato ai soldi, e vi snocciola le domande gratuitamente. Immediatamente provate un senso di riconoscenza: oggi pomeriggio potrete uscire e andare al parco con la vostra fidanzatina anziché passare il resto della giornata a studiare. Roberto, in poche parole, aveva con sé un'informazione che rappresentava un enorme valore pratico per voi. E ha deciso di condividerla, generando riconoscenza. Perché la prossima volta noi stessi saremo propensi ad aiutarlo proprio perché lui l'ha fatto con noi.

Capiamo dunque come il senso pratico di un'informazione possa essere davvero cruciale... Cosa pensate, che le risposte alle domande di matematica sarebbero rimaste segrete? No di certo, noi stessi le avremmo diffuse e comunicate ai nostri contatti di fiducia, generando un passaparola virtuoso per tutti (tranne che per la professoressa di matematica!). Attenzione però, questo genere d'informazioni vanno comunicate solo a coloro per i quali nutriamo stima: non avrebbe infatti senso dare le risposte del compito a una nostra compagna che si è sempre comportata male con noi. Si tratta di segreti che portano in seno l'esclusività e un profondo senso pratico. Cercate sempre di essere utili, per farla breve. Le vostre storie, informazioni o contenuti devono dare un valore aggiunto alla vita delle persone. Ma non di tutte le persone. Metteteci sempre un pizzico di esclusività. Così facendo il valore percepito dell'informazione stessa aumenterà a dismisura, e farete sentire i vostri seguaci degli eletti.

14

Creare una Storia Magnetica Attorno al Tuo Prodotto

Lo storytelling è un altro elemento imprescindibile per il successo di un prodotto perché tutto quello che raccontiamo è sotto forma di storie. Noi siamo a tutti gli effetti fatti di storie. Raccontiamo storie a noi stessi e agli altri. Le ascoltiamo sin dalla più tenera età e non smettiamo di assorbirle nemmeno per un giorno. Quando affermo che siamo fatti di storie intendo proprio ciò che ho scritto. Ci riflettiamo negli altri grazie a ciò che raccontiamo loro, non a quello che teniamo nascosto. Ogni singolo giorno della nostra vita può diventare una buona storia, un racconto che possa coinvolgere l'ascoltatore ed emozionarlo. Chiaramente esistono storie e storie. Esistono studi molto interessanti sulle cosiddette strutture narrative archetipiche che puntano a definire nel dettaglio gli elementi portanti di una storia di successo.

Anzitutto ricordiamo che ogni storia deve rappresentare una sfida, una crescita e soprattutto un valore. Valore che è implicito nella narrazione. C'è ma non si vede, perché traspare nell'arco dello svolgersi degli eventi. Se è vero che saper raccontare una buona storia può decretare il successo di un brand o di un'iniziativa, è vero anche che una storia debole, che non segue gli schemi consigliati, può avere effetti devastanti. Pensiamoci un attimo: tutta la politica non è altro che un'enorme, mastodontica narrazione. Ci sono i buoni e i cattivi, ci sono le sfide, gli inganni, i tradimenti, i ritorni. Senza un vero e proprio finale. Faccio l'esempio della politica perché questo è un ambito in cui l'importanza del saper raccontare storie è molto evidente.

Ma torniamo sui binari del nostro tema principale. Il titolo di questo libro è "Storie Magnetiche". In realtà abbiamo parlato poco di storie nello specifico: per questo sto già lavorando a un nuovo libro che spiegherà nel dettaglio i meccanismi efficaci della narrazione. Ci siamo concentrati soprattutto su quelli che ho chiamato "contenuti". Bene, questi contenuti, in maniera silenziosa, raccontano tutti delle storie. Possono essere storie lunghe quando parliamo di un film che genera attenzione o storie brevi quanto un meme visto di sfuggita nella bacheca di Facebook. Ma sempre di storie si tratta. Storie che emozionano, storie che vengono raccontate ad altri, storie che trasmettono valori, storie che fanno pensare. Questo è un libro che parla di storie che vale la pena di raccontare.

Applicando lo storytelling in ottica aziendale o personale, la vera sfida è quella di creare storie uniche, originali ed emozionanti facendo in modo che il prodotto o servizio da sponsorizzare sia implicito nella storia stessa. Non deve essere necessariamente nominato. Non tutti i prodotti sono interessanti, ma possono esserlo le loro storie. Avere una storia aziendale o personale interessante è un ottimo punto di partenza per puntare al passaparola.

Facciamo l'esempio della Apple. Quando noi pensiamo alla Apple abbiamo subito una visione. Pensiamo a un garage, perché la storia del primo Macintosh è la storia di due ragazzi, Wozniak e Steve Jobs, che lavorano sodo per cambiare il mondo dell'informatica. É la storia di una sfida di due ragazzi contro il colosso IBM. Ragazzi senza fondi, senza lauree, senza risorse ma con una grande voglia di emergere. Ed è così che con questa semplice storia i valori di Apple vengono trasfigurati in ogni prodotto di casa Cupertino. Perché quando comprate un Mac non state comprando solo un computer, state comprando anche e soprattutto la storia dei suoi fondatori e della loro azienda.

Se ci fate caso la storia di qualsiasi personaggio di rilievo ha delle caratteristiche che non mancano mai. Prendiamo ad esempio gli eroi della Silicon Valley. Quasi tutti vengono da famiglie benestanti ma non ricche, quasi tutti hanno subito processi, quasi tutti erano sul punto di lasciare. Eppure c'è sempre un riscatto, un colpo di coda che fa tornare i nostri eroi alla ribalta dopo un periodo buio. É l'esempio di Steve Jobs licenziato dalla Apple che poi fonda Pixar, dei processi a Bill Gates e Marck Zuckerberg, dei fallimenti di Elon Musk. Ogni storia che si rispetti deve essere caratterizzata da un punto molto basso, dove l'eroe soffre a dismisura e mette in crisi ogni sua certezza. Se Rocky non si fosse sudato l'incontro con Ivan Drago il film sarebbe stato certamente un flop. Quindi è importante ricordare sempre che la storia che andrete a raccontare, qualsiasi forma abbia, deve garantire un'altalena emozionale. Sono molto comuni le storie di riscatto, ma in ogni caso potete fare leva anche su altri obiettivi.

Ricordatevi che le storie iniziano a girare nel momento in cui hanno qualcosa di speciale, basti pensare alle leggende metropolitane. Le leggende metropolitane sono tra i più frequenti fenomeni virali e i loro meccanismi possono essere applicati con facilità all'ambito quotidiano. Perché questo genere di storie viaggiano per il mondo senza sosta? É semplice, perché hanno tutti gli elementi che abbiamo elencato in questo libro. Anzitutto sono originali, ossia rappresentano qualcosa che non si sente tutti i giorni. Hanno poi elementi caratteristici atipici. Sono inoltre brevi, facili da raccontare e replicare. Hanno una fortissima connotazione emozionale, e così via. Se volete capire i meccanismi di diffusione dei contenuti via web non potete esimervi dallo studiare le leggende metropolitane. Perché è da lì che tutto parte.

Facciamo qualche esempio. Conoscete la storia metropolitana del signore che si trova nel bar di un albergo molto lussuoso e incontra una bella ragazza dell'est, le offre da bere, iniziano a chiacchierare e finiscono a letto? La mattina dopo quest'uomo si sveglia in una vasca da bagno piena di ghiaccio senza un rene. Bene, questa è una storia potentissima, perché ha degli elementi che non possiamo non immaginare, come la vasca da bagno piena di ghiaccio. Ci sono degli elementi forti, prepotenti e sciocanti che non possiamo non notare e non ricordare. Questo per dire che se una storia ha degli elementi chiari e riconoscibili, sarete sicuramente in grado di renderla condivisibile e generare passaparola. Però senza elementi speciali, originali, creativi, la vostra storia, così come il vostro prodotto multimediale, difficilmente avrà una diffusione virale.

Ricordate di generare una storia attorno a quello che fate, che sia veritiera e coinvolgente, in modo che possa supportare quelli che sono i vostri contenuti.

Conclusioni

Siamo giunti al termine di questo mirabolante percorso. Spero che questi contenuti possano darvi una spinta e alcune suggestioni per quanto riguarda la creazione di contenuti, storie e informazioni che abbiano un potenziale magnetico. Come vi sarete accorti ho cercato di fare perno sull'originalità e sulla specificità della storia che volete raccontare. Lavorate sempre in modo laterale, cercate sempre di ragionare in termini creativi, non allineatevi mai a quello che fanno gli altri. La creatività non è altro che unire due puntini che altrimenti non starebbero bene insieme. Fatelo, prima che lo faccia qualcun'altro! Non sempre alla fortuna di un contenuto virale corrisponde una fortuna economica. Poco male. Se avrete seguito i passi dei questo libro potete stare certi che il messaggio che volevate trasmettere è in qualche misura arrivato a destinazione. Riuscire a ottenere risultati importanti con le vostre creazioni può essere un punto d'arrivo, ma non dimenticate mai di godervi il viaggio. Personalmente credo che non ci sia nulla di più bello del continuo esperimento, del continuo errore. Sbagliare è la medicina più forte del mondo quando si tratta di progredire e di evolversi.

Prendete quanto imparato in questo libro e stravolgetelo, da cima a fondo. Fate vostre le nozioni che vi hanno appassionato e cestinate senza ritegno quanto ritenete inutile o prolisso.

La creatività è un percorso che non ha una bandiera a scacchi. Non ha un gran finale.

Quando in quell'aula, di fronte ai miei dieci studenti, ebbi la notizia del milione di utenti raggiunti con il mio post ebbi un attimo di euforia, certo, ma subito si paventò in me un'altra certezza. Ero riuscito nel mio obiettivo, avevo vinto la mia sfida ed ero finalmente riuscito a creare tutto solo qualcosa di virale. Ma non sentivo quel senso di pienezza che mi sarei aspettato. L'entusiasmo durò molto poco, e il motivo era molto semplice. Ero già alla ricerca di una nuova sfida da intraprendere, di un nuovo record da battere, di una nuova idea da promuovere.

Approfondimenti e Risorse

Percorsi di Formazione e Coaching

Se sei interessato a iniziare un **percorso di formazione** con me visita https://www.emozionare.net. Potrai prenotare una consulenza telefonica gratuita e senza impegno.

Alcune Recensioni dei Miei Percorsi Formativi

★★★★★ Un grande professionista! Esigente, educato, sensibile e orientato al 100% al raggiungimento degli obiettivi. Da studente posso dire di aver trovato in Emanuele un mentore che mi sta accompagnando in una fase delicata della mia vita. I risultati del percorso nel mio caso sono stati visibili sin dalle prime lezioni … i miei colleghi sono stati i primi ad accorgersene .. vi lascio immaginare la mia soddisfazione!

Soldi ben spesi, il suo lavoro vale almeno il doppio di quello che chiede!

Alberto M.

★★★★★ Consigliatissimo! Il percorso con Emanuele mi ha permesso di crescere ad una velocità che non avrei mai creduto possibile. E' un ottimo formatore, attento e preciso. Esige molto dai suoi studenti e proprio per questo riesce sempre a portarti al raggiungimento degli OBIETTIVI. Non lavora con tutti: prima ha bisogno di conoscerti attraverso una telefonata conoscitiva (con me ne ha fatte due per essere sicuro di poter risolvere il mio problema di comunicazione). La sola call conoscitiva è valsa il costo di 3 lezioni per i consigli che mi ha dato.

Che dire, tanto lavoro, tanti risultati!

Grazie Emanuele!

Enrico C.

★★★★★ Emanuele è un insegnante serio e preparatissimo, sempre disponibile ad aiutare e a condividere tanto le sue competenze quanto la sua esperienza. Altamente consigliato!

Francesca A.

★★★★★ Ho apprezzato molto il metodo di comunicazione di Emanuele durante le sue lezioni. Il plus è che riesce sempre a metterti a tuo agio trasmettendoti concetti e nozioni in modo semplice senza appesantire la lezione. Sicuramente consigliato

Lorenzo B.

★★★★★ Emanuele non è un Superprof. È molto di più: un Iperprof, un Gigaprof. È un padre, quando sei smarrito e non hai idea di che pesci prendere. È un fratello, quando hai bisogno di qualcuno che ti guidi verso una destinazione che ancora non riesci a vedere. È un amico, quando hai semplicemente bisogno che qualcuno creda in te.

Se questi motivi non vi bastano…

Ivan P.

★★★★★ Emanuele è davvero un Superprof! Lo consiglio a tutti coloro che desiderano mettersi in gioco e vogliono esprimere il loro reale potenziale. Oltre ad essere competente e professionale ha questa dote che è molto difficile da trovare altrove. E' empatico e allo stesso tempo determinato nel farti dare il massimo. Non ama perdere tempo e tiene moltissimo alla qualità del suo lavoro. Che dire, un bravissimo maestro che mi sento di consigliare proprio a tutti! Ciao Ema!

Lucia G.

⭐⭐⭐⭐⭐ Consiglio fortemente di lavorare con lui. Le lezioni di Emanuele sono diverse da tutte le altre perché sono disegnate e personalizzate specificatamente per risolvere il tuo problema. E' un grande professionista come ce ne sono pochi in giro. Sin dal primo incontro ho notato la differenza rispetto agli altri formatori: si vede proprio ad occhio nudo che è uno del mestiere. Insieme abbiamo raggiunto i miei obiettivi di crescita.

Mi affiderei di nuovo a lui?

1.000.000 di volte SI'!

Antonio M.

⭐⭐⭐⭐⭐ Lo consiglio a tutti! Esperienza che rifarei 1.000 volte! Lavorare con Emanuele è stimolante e dà moltissima soddisfazione! Abbiamo fissato gli obiettivi del nostro percorso e li abbiamo raggiunti nei tempi stabiliti ... che dire: GRAZIE EMANUELE!

Fabio S.

★★★★★ "Ho contattato Emanuele via web. Ero scettico ma mi sono accorto sin dalla prima chiamata gratuita di trovarmi di fronte a un professionista navigato della comunicazione. Mi sta seguendo da sei mesi e il mio rapporto con gli altri è migliorato sensibilmente"

Francesco M.

★★★★★ "La cosa che mi ha più stupito del percorso di coaching con Emanuele è stato vedere risultati concreti sin dalle prime sessioni. Gli esercizi che mi assegna ogni settimana sono disegnati apposta per risolvere il mio problema. Grazie!"

Patrick S.

★★★★★ "Quando comunicavo mi bloccavo. Letteralmente. Grazie a Emanuele ora mi sento più sicuro e motivato quando mi trovo con altre persone. Abbiamo elaborato insieme la migliore strategia per 'uscire dal guscio' e ora mi sento libero di esprimere il mio potenziale!"

Lucia G.

Risorse

I miei Libri

Trovi l'elenco di tutti i miei **libri** su Amazon cercando la parola chiave *'Emanuele M. Barboni Dalla Costa'* o cliccando su questo link.

Video Corsi

Scopri i miei **video corsi** di comunicazione e scrittura creativa e acquistali ad un prezzo speciale https://www.udemy.com/user/emanuelebarboni/.

Audio Corsi

Puoi scaricare le mie **audio lezioni** su https://aurora.emozionare.net/

Podcast Gratuito

Pubblico settimanalmente le mie **lezioni di comunicazione** e **creatività** su https://anchor.fm/podcastemozionale

www.ingramcontent.com/pod-product-compliance
Lightning Source LLC
Chambersburg PA
CBHW030451220526
45464CB00006B/2482